EL LIBRO DE LOS FRACASOS
O CÓMO RESURGIR DE LAS CENIZAS

Colección Desarrollo del Potencial Humano

EL LIBRO DE LOS FRACASOS
O CÓMO RESURGIR DE LAS CENIZAS

DESCUBRE LOS SECRETOS OCULTOS
DETRÁS DEL ÉXITO EXTRAORDINARIO

José Luis Valle Galindo

El libro de los Fracasos

Copyright © 2023 José Luis Valle Galindo

Todos los derechos reservados

El miedo al fracaso es un obstáculo mayor que el fracaso mismo.

El éxito no trata de evitar el fracaso, sino de aprender y crecer a partir de él.

CONTENIDO

Parte 2
Lecciones de la Adversidad

Parte 3
Transformando el Fracaso en Éxito

La dualidad del fracaso y el éxito

Desde tiempos inmemoriales, la historia humana se ha tejido con hilos de triunfos y descalabros, cada uno impregnado con lecciones cruciales para nuestra evolución. La percepción del fracaso, frecuentemente teñida de tonos sombríos y pesimismo, ha marginado injustamente a una de las fuentes más ricas de aprendizaje y crecimiento personal. Este libro se sumerge en el corazón de tales experiencias, explorando la esencia íntima del fracaso y su papel indisociable en la consecución del éxito.

La sociedad suele exaltar el éxito como la única medida de valor y capacidad, creando un estigma alrededor del fracaso que nos empuja a evitarlo a toda costa. Sin embargo, al hacerlo, obviamos una verdad fundamental: el fracaso es el terreno fértil en el que se siembran las semillas del éxito. La habilidad para resurgir de las cenizas de los errores y las derrotas es lo que ha definido a algunos de los líderes, innovadores y visionarios más destacados de nuestra historia.

11

En las páginas que siguen, descubriremos cómo figuras históricas, empresas que hoy son colosos de la industria y emprendedores visionarios han atravesado este oscuro túnel del fracaso, encontrando al final de éste no solo la luz del éxito sino también un entendimiento más profundo de sus capacidades y el mundo que los rodea.

Cada capítulo se concibe como una exploración, no solo de relatos de fracasos espectaculares y sus subsiguientes éxitos, sino también como un compendio de las lecciones intrínsecas en estos procesos. Nos adentraremos en la dinámica del fracaso y cómo la resiliencia, la adaptación y la audacia de enfrentarlo son habilidades que pueden, y deben, ser cultivadas.

Este libro es una invitación a redefinir el fracaso, a verlo no como el final del camino, sino como un desvío inesperado que, con las herramientas correctas y la mentalidad adecuada, nos puede llevar a destinos de grandeza inimaginada. A lo largo de este viaje, propongo desmantelar viejas creencias y construir un nuevo paradigma donde el fracaso sea reconocido por lo que realmente es: un maestro severo, pero justo, cuyas enseñanzas son esenciales para alcanzar un éxito extraordinario. Al cerrar este libro, espero que no solo encuentres inspiración en las historias contadas sino que también te veas como el protagonista de tu propia epopeya de fracasos y éxitos, equipado con un nuevo entendimiento y las estrategias necesarias para transformar cada tropiezo en un paso adelante hacia tus más altas aspiraciones.

Cómo resurgir de las cenizas

En un mundo donde el éxito a menudo se mide en términos de riqueza y logros visibles, *El libro de los Fracasos* nos invita a mirar más allá de las apariencias. A través de sus páginas, este libro nos enseña que detrás de cada historia de éxito hay capítulos no contados de fracasos, luchas y determinación.

Este no es solo un libro; es un viaje hacia el redescubrimiento del verdadero significado del éxito. Te sumerge en las vidas de aquellos que, a pesar de enfrentar obstáculos inimaginables, se levantaron de sus cenizas para alcanzar logros extraordinarios. Desde empresarios que transformaron fracasos desgarradores en imperios globales hasta atletas que superaron derrotas para alcanzar la gloria, cada historia es un testimonio del poder de la resiliencia y la tenacidad humana.

El libro de los Fracasos también es una guía práctica que te equipa con las herramientas para enfrentar tus propios desafíos. Aprenderás a ver los fracasos no como finales, sino como puntos de inflexión cruciales en tu camino hacia el éxito. Descubrirás estrategias para cultivar una mentalidad de crecimiento, técnicas para construir resiliencia financiera y personal, y métodos para encontrar oportunidades en medio de la adversidad.

Pero lo más importante, este libro es una invitación a cambiar tu narrativa personal sobre el fracaso. Te desafía a preguntarte: ¿Qué podría lograr si viera cada fracaso como un escalón hacia mi éxito? ¿Cómo cambiaría mi vida si abrazara cada revés como una oportunidad para aprender y crecer?

¿Alguna vez te has preguntado cómo sería tu vida si pudieras convertir cada tropiezo en un trampolín hacia el éxito? *El libro de los Fracasos* no es solo una colección de historias; es un faro de inspiración y sabiduría, una guía que te iluminará en los momentos más oscuros.

Esta obra trasciende el concepto tradicional de éxito y fracaso. Te invita a un viaje emocional, mostrando cómo líderes, innovadores y soñadores, como tú, han transformado sus fracasos más profundos en sus triunfos más significativos.

Únete a la comunidad de aquellos que han elegido ver cada desafío no como un obstáculo, sino como una oportunidad para crecer y comienza a escribir tu propia historia de éxito.

Únete a nosotros en este viaje transformador. *El libro de los Fracasos* no solo te inspirará a perseguir tus sueños con renovado vigor y perspectiva, sino que también te equipará con el conocimiento y la fortaleza para convertir tus fracasos más profundos en tus éxitos más brillantes.

Tu historia de éxito está esperando ser escrita.

¿Estás listo para dar el primer paso?

Parte 1

EL CORAZÓN DEL FRACASO

José Luis Valle Galindo

EL FRACASO EN EL ESPEJO DE LA HISTORIA

La historia es el espejo en el que podemos observar el reflejo de nuestras propias vidas. Las civilizaciones que han dejado su marca en las páginas del tiempo también han sido protagonistas de sus propios momentos de fracaso y error. A través de sus historias, podemos descubrir que el fracaso no es un evento aislado en el tiempo sino una constante universal, que no solo ha definido el destino de imperios y naciones sino que ha esculpido el curso de la humanidad misma.

En esta sección, nos enfocaremos en el viaje por la historia, donde el fracaso se muestra no como un callejón sin salida, sino como un desvío en el camino que, en muchos casos, condujo a la iluminación y al progreso. Vamos a desenterrar las lecciones incrustadas en los errores del pasado, aquellos que fueron la antesala de grandes cambios y revoluciones en el pensamiento y la estructura social. Al estudiar los fracasos de las civilizaciones antiguas, comenzaremos a comprender que cada error, cada juicio erróneo y cada mal paso fueron, en realidad, escalones hacia un conocimiento más profundo y hacia la construcción de sociedades más fuertes y conscientes.

Civilizaciones perdidas

La historia humana está sembrada de civilizaciones que alguna vez fueron grandes y que ahora no son más que un susurro entre las ruinas. Los vestigios de culturas como la egipcia, la griega a o la romana ofrecen un testimonio mudo pero poderoso de cómo el fracaso ha sido a menudo un catalizador para el cambio o una lección para las generaciones futuras.

En este capítulo, retrocederemos en el tiempo para examinar civilizaciones olvidadas y las razones detrás de su declive. Desde la arrogancia de los líderes hasta el agotamiento de los recursos naturales, pasando por la falta de adaptación a los cambios climáticos o el colapso económico, cada historia nos ofrece un reflejo de nuestra propia mortalidad y fragilidad. Al mismo tiempo, nos proporcionan un patrón de lo que no debemos repetir y la esperanza de que, al aprender de estos errores, podamos forjar un futuro mejor.

Así como estas antiguas sociedades, que alguna vez fueron veneradas por su conocimiento y poder, tuvieron que enfrentarse a sus propios errores y fracasos, nosotros, como individuos y como colectividad, tenemos la oportunidad de mirarnos en este espejo histórico para entender que cada fracaso es una oportunidad de aprendizaje, y cada error es un paso hacia la sabiduría.

Al finalizar este segmento, estaremos listos para contemplar cómo los escombros del pasado sirven de fundamento para las civilizaciones del mañana, y cómo cada fracaso que enfrentamos es una oportunidad para construir algo aún más grande y perdurable.

CIVILIZACIONES OLVIDADAS
ENSEÑANZAS DE ANTIGUOS ERRORES

Desde el amanecer de la humanidad, las civilizaciones han surgido y caído como olas en el océano del tiempo. Cada una de ellas ha dejado atrás un legado de grandeza y, en sus ruinas, las lecciones codificadas de sus fracasos. En este capítulo, desentrañamos los misterios de estas antiguas sociedades, buscando comprender cómo sus errores no fueron el fin, sino catalizadores para la transformación y el cambio.

Nos adentramos en el Egipto de los faraones, donde la opulencia de las pirámides no podía esconder las grietas de un sistema que olvidó adaptarse a las realidades cambiantes. En Europa, la Roma imperial extendió sus dominios por el conocido mundo, sin embargo, se desmoronó internamente, víctima de su propia expansión y corrupción.

Cada uno de estos imperios, con sus fallos y su eventual caída, nos enseña que ninguna entidad es demasiado grande para fallar, que la complacencia es la enemiga del progreso, y que el crecimiento sin sostenibilidad es una promesa vacía. Observamos cómo las advertencias ignoradas y las lecciones no aprendidas pueden llevar a un declive ineludible.

Pero, ¿qué pasa cuando las lecciones de las civilizaciones caídas son tomadas en cuenta? ¿Cómo se puede rediseñar el destino con un conocimiento más profundo de los errores del pasado?

La caída de imperios y las civilizaciones perdidas sentaron las bases para los próximos capítulos de la historia humana: las eras de conflicto y cambio. Las guerras y revoluciones que han seguido son testigos de la incesante lucha de la humanidad por el poder, la libertad y la autodeterminación. Estos conflictos, a menudo nacidos de las cenizas de sociedades fracasadas, han tenido el poder no solo de destruir sino de crear, no solo de separar sino de unir.

Los fracasos militares y sociales han rediseñado literalmente el mapa del mundo. Las revoluciones, aunque fueron provocadas por la opresión y la injusticia, a menudo resultaron en la formación de nuevas naciones y formas de gobierno. Al igual que las civilizaciones que las precedieron, estas luchas por el cambio fueron ensayos en error y éxito, cada una un paso en el baile eterno de la construcción de sociedades.

La guerra y la revolución revelan que incluso los conflictos más destructivos tienen el potencial de abrir puertas a un mundo rediseñado, donde las fronteras de lo posible se expanden con cada fracaso y cada victoria.

Echemos un vistazo más cercano a la Roma antigua, un coloso entre las civilizaciones, cuya caída resonó a través de los siglos. Su magnificencia se evidencia en los restos del Coliseo, en los acueductos que todavía surcan el paisaje italiano y en las leyes y fundamentos de gobierno que persisten hasta nuestros días. Sin embargo, detrás de este legado de ingeniería y política, yacen las historias de decadencia, de un imperio que se estiró más allá de sus capacidades, de líderes que se entregaron a la corrupción, y de una sociedad que no pudo adaptarse a los desafíos cambiantes.

Estudiando a Roma, aprendemos que incluso una gran civilización puede ser vulnerable. Aprendemos que la adaptación es clave para la supervivencia, y que la ignorancia de la necesidad de cambio es un paso hacia la obsolescencia. La historia de Roma nos enseña que el éxito puede sembrar las semillas del fracaso si se acompaña de complacencia y exceso.

Sin embargo, estos relatos antiguos también nos hablan de una capacidad para la transformación. Las lecciones derivadas de los errores de Roma nos han ayudado a entender la importancia de la diversidad, la distribución del poder y la inclusión de voces dispares en el proceso de gobernanza.

La caída de la Roma antigua marcó el comienzo de una nueva era, un tiempo en que el vacío dejado por un coloso creó un espacio para que surgieran nuevas ideologías, naciones y conflictos. Al abrir el siguiente capítulo, exploraremos cómo las guerras y revoluciones han sido impulsadas por los vacíos de poder, por las lecciones ignoradas y por el deseo intrínseco de cambio y mejora. Cada guerra, cada revolución, aunque nacida del fracaso y del descontento, lleva en sí la promesa de un nuevo comienzo, una oportunidad para dibujar de nuevo las líneas que definen nuestra humanidad y nuestro destino común.

Así como las cenizas de Roma fertilizaron el terreno para el crecimiento de nuevas sociedades, las revoluciones y conflictos que examinaremos a continuación demuestran que, aunque el fracaso puede ser devastador, también es una invitación a la reconstrucción, a la reevaluación y, en última instancia, a la resurrección de ideales y estructuras en formas más robustas y equitativas.

GUERRAS Y REVOLUCIONES
FRACASOS QUE REDISEÑARON FRONTERAS

La historia está sembrada de conflictos, desde contiendas que se libraron en campos de batalla hasta aquellas revoluciones de ideas que se lucharon en las mentes y corazones de la gente. Cada guerra y cada revolución provienen de un fracaso, ya sea de un estado para satisfacer las necesidades de su pueblo, de líderes para resolver sus diferencias, o de sistemas para adaptarse y evolucionar. No obstante, dentro de estos fracasos, yacen poderosas lecciones y, a veces, sorprendentes victorias.

La Primera y Segunda Guerras Mundiales son ejemplos paradigmáticos de cómo los errores diplomáticos y la agresión no controlada pueden desencadenar catástrofes de una escala inimaginable. Estos conflictos globales, que provocaron una devastación indescriptible, también llevaron a la creación de organizaciones internacionales como la Liga de las Naciones y, más tarde, las Naciones Unidas, con el objetivo de prevenir futuras tragedias. Aquí, la esperanza de la humanidad para la paz y la cooperación internacional brotó de las profundidades del sufrimiento y la pérdida.

Del mismo modo, las revoluciones que sacudieron los cimientos de sociedades enteras —desde la Revolución Francesa hasta la caída del Muro de Berlín— subrayan que el fracaso en atender las demandas de justicia y equidad puede llevar a un cambio radical. Aunque tales eventos a menudo están marcados por violencia y turbulencia, también son testimonio de la búsqueda constante de la humanidad por sistemas más justos y representativos.

Los errores y fracasos no solo han dado forma a la geografía política del mundo, sino también a nuestra comprensión del mundo físico y natural. Al dar vuelta a la página hacia el siguiente capítulo, cambiamos el enfoque de la lucha y la confrontación hacia la esfera de la accidentalidad productiva. Si bien las guerras y las revoluciones reconfiguran los mapas y gobiernos, los errores honestos y las circunstancias científicas de encontrar algo que no se buscaba han rediseñado los horizontes de nuestro conocimiento. Descubramos cómo fallos aparentemente triviales han desembocado en algunos de los avances más significativos en la ciencia y la tecnología. De la penicilina al velcro, las historias que exploraremos nos mostrarán que el camino hacia la iluminación a menudo está pavimentado no solo con triunfos y descubrimientos intencionados, sino también con equivocaciones y casualidades felices. Las erratas, lejos de ser simplemente errores, se revelan como peldaños esenciales en la escalera del progreso humano.

DESCUBRIMIENTOS POR ACCIDENTE
ERRAR PARA AVANZAR

Los avances de la humanidad no siempre han sido fruto de la búsqueda deliberada y metódica de conocimiento. De hecho, algunos de los descubrimientos más significativos han surgido de errores, de esos inesperados momentos de "eureka" que ocurren cuando las cosas no van según lo planeado. Esos afortunados accidentes que, aunque inicialmente se percibían como fracasos, terminaron impulsando el progreso humano de maneras que nunca podrían haberse imaginado.

Un ejemplo paradigmático de tal fenómeno es la penicilina. En 1928, el científico Alexander Fleming notó cómo un moho accidentalmente contaminado en su placa de Petri había matado las bacterias circundantes. Este descuido, que otros hubieran desechado como un mero fracaso de la asepsia de laboratorio, condujo al desarrollo de los antibióticos, salvando millones de vidas y revolucionando la medicina moderna.

Así como la penicilina, hay incontables instancias en las que los errores han abierto puertas a nuevos horizontes. Rayos X, microondas, velcro, y la sacarina son solo algunos de los numerosos inventos que emergieron de accidentes felices. De ahí la importancia de mantener una mente abierta y receptiva al potencial oculto en cada error.

Estos relatos son esenciales para entender cómo el fracaso puede convertirse en una fuente de inspiración. Cada anécdota resalta la importancia de la curiosidad y la perseverancia, y cómo, al enfrentar lo inesperado, los descubridores transformaron un potencial desastre en un triunfo de la inventiva humana.

El arte de errar para avanzar es un testamento al ingenio humano, pero ¿qué pasa cuando el ingenio es reconocido solo en retrospectiva? Veamos la ironía de los rechazos históricos, situaciones en las que ideas y personas fueron inicialmente desestimadas, solo para ser celebradas como visionarias más adelante. Al igual que los descubrimientos accidentales, estos rechazos revelan que a menudo el valor de una idea no se reconoce en su tiempo, sino que se redescubre y se venera con el pasar de los años. Nos sumergiremos en las historias de individuos y conceptos que, tras enfrentar la incomprensión y el desdén, se mantuvieron firmes y finalmente fueron reivindicados por la historia.

Rechazos históricos
Rechazados hoy, venerados mañana

A lo largo de la historia, muchas ideas revolucionarias y sus proponentes han enfrentado la incomprensión y el rechazo antes de ser finalmente reconocidos y celebrados. Nos adentramos en el mundo de las visiones despreciadas y de los genios incomprendidos, explorando cómo el rechazo inicial puede ser un precursor no reconocido del éxito futuro.

Una historia destacada es la de Vincent Van Gogh, quien ahora es considerado uno de los artistas más influyentes en la historia del arte occidental. Sin embargo, en vida, Van Gogh fue mayormente ignorado y vendió solo una pintura. Su estilo único y emocional fue rechazado por sus contemporáneos, pero su legado perdura, influyendo profundamente en el arte del siglo XX.

Otro ejemplo es el de Galileo Galilei, cuyas ideas sobre el heliocentrismo lo llevaron a enfrentarse a la Inquisición. Sus teorías, aunque inicialmente rechazadas y condenadas, fueron fundamentales para el desarrollo de la astronomía moderna.

La historia de Alfred Wegener, cuya teoría de la deriva continental fue ridiculizada durante su vida. Hoy, esta teoría es un pilar fundamental de la geología y la ciencia de la Tierra.

El rechazo, aunque doloroso y a menudo injusto, no es necesariamente el fin del camino. Estas narrativas subrayan la importancia de la persistencia, la fe en uno mismo y la visión en la cara de la oposición y la incomprensión.

La historia de las ideas y personas rechazadas nos muestra cómo la percepción de un fracaso puede ser simplemente una cuestión de estar adelantado a su tiempo. Pero, ¿qué sucede con aquellas empresas y emprendimientos que también estaban adelantados a su tiempo? Nos adentraremos en el mundo de los negocios y la innovación, examinando casos de empresas y visionarios cuyas ideas eran tan avanzadas que el mundo aún no estaba listo para recibirlas. Estas historias de ambición, visión y eventual reconocimiento postergado nos enseñarán otra dimensión del fracaso: aquella donde el tiempo y el contexto juegan un papel crucial en la percepción y el éxito de una idea revolucionaria.

José Luis Valle Galindo

EMPRESAS QUE NO PUDIERON SER VISIONARIOS ADELANTADOS A SU TIEMPO

A menudo, el mundo de los negocios y la innovación no es solo una cuestión de tener la idea correcta, sino también de tenerla en el momento adecuado. Hubo empresas visionarias que, aunque estaban adelantadas a su tiempo, no lograron prosperar debido a la incompatibilidad entre sus innovaciones y la época en que surgieron.

Uno de los casos más emblemáticos es el de Xerox PARC. En los años 70, este laboratorio de investigación creó muchas de las tecnologías que hoy en día damos por sentadas, como la interfaz gráfica de usuario y el ratón de la computadora. Sin embargo, Xerox no capitalizó estas innovaciones, permitiendo que otras empresas las llevaran al mercado masivo.

Otro ejemplo notable es el de la compañía de Nikola Tesla, quien fue un pionero en el desarrollo de la electricidad alterna y otras tecnologías eléctricas. Tesla tenía visiones de comunicaciones inalámbricas y transmisión de energía, ideas que estaban demasiado adelantadas para su tiempo y que no encontraron el apoyo financiero necesario para su realización.

DeLorean Motor Company, conocida por su automóvil DMC DeLorean, que a pesar de su diseño innovador y su aparición en la popular película "Volver al Futuro", la empresa no pudo sobrevivir debido a diversos problemas financieros y de producción.

Estas historias destacan la importancia de sincronizar la innovación con las necesidades del mercado y la capacidad de la sociedad para adoptar nuevas tecnologías. Enseñan que ser pionero no siempre garantiza el éxito, y que a veces las ideas más revolucionarias necesitan tiempo para ser aceptadas y comprendidas.

Si bien estar adelantado a su tiempo fue un factor crucial en el fracaso de estas empresas visionarias, existen casos donde la innovación por sí sola no ha sido suficiente para asegurar el éxito. Examinemos los fracasos tecnológicos que surgieron no de una falta de innovación, sino de una falta de otros elementos esenciales, como la viabilidad del mercado, la estrategia de negocios adecuada o la aceptación del consumidor. Algunas tecnologías, aunque avanzadas y revolucionarias, fallaron en encontrar un lugar en el mercado, a menudo eclipsadas por alternativas más prácticas o accesibles. Estos casos nos ofrecen lecciones valiosas sobre los límites de la tecnología y la importancia de un enfoque equilibrado que considere todos los aspectos del éxito empresarial.

FRACASOS TECNOLÓGICOS
CUANDO LA INNOVACIÓN NO ES SUFICIENTE

La historia de la tecnología está repleta de innovaciones que prometían revolucionar el mundo, pero que finalmente fracasaron. Existen casos emblemáticos donde la pura innovación no fue suficiente para garantizar el éxito comercial o la adopción por parte de los consumidores, revelando que el éxito tecnológico depende de una compleja mezcla de factores que van más allá de la mera novedad o el avance técnico.

Un ejemplo significativo es el del Concorde, el avión supersónico que prometía revolucionar los viajes aéreos reduciendo a la mitad los tiempos de vuelo transatlánticos. A pesar de su impresionante tecnología y rendimiento, el Concorde se vio obstaculizado por su alto costo operativo, preocupaciones ambientales y restricciones de ruido, lo que limitó su uso comercial y eventualmente llevó a su retiro.

Otro caso es el de Betamax de Sony, una tecnología de grabación de video que, aunque superior técnicamente a su competidor VHS, perdió la batalla del formato debido a errores en la estrategia de mercado y licenciamiento. Betamax se convirtió en un clásico ejemplo de cómo una tecnología superior puede fallar en el mercado por razones que van más allá de su funcionalidad.

El auge y caída de empresas tecnológicas como Black-Berry, que lideró el mercado de los smartphones pero no pudo mantenerse al día con la innovación y la competencia, fue eventualmente eclipsada por rivales como Apple y Samsung.

Estas historias nos enseñan que el éxito tecnológico no se mide solo por la calidad o la innovación de un producto, sino también por su capacidad para satisfacer las necesidades del mercado, adaptarse a un entorno competitivo en constante cambio y conectar con los consumidores de manera significativa.

Al reflexionar sobre estos fracasos tecnológicos, se hace evidente que incluso las empresas más grandes y tecnológicamente avanzadas no son inmunes al declive. Este entendimiento nos lleva de la tecnología a la economía en su conjunto. Imperios económicos enteros, que en su apogeo parecían indestructibles, se desmoronaron bajo el peso de su propia arrogancia, errores estratégicos o simplemente por cambios en el paradigma económico. Al estudiar las caídas de estos gigantes económicos, podemos extraer lecciones profundas sobre la humildad, la adaptabilidad y la importancia de la previsión en el mundo de los negocios y las finanzas.

CAÍDAS DE IMPERIOS ECONÓMICOS
LECCIONES DE HUMILDAD

La historia económica está marcada por ascensos meteóricos y caídas estrepitosas, ejemplificando cómo incluso los gigantes financieros y corporativos no están exentos de fracasar. Imperios económicos que en su momento parecían invencibles, pero que finalmente cayeron, ofrecen valiosas lecciones de humildad, prudencia y la necesidad de adaptación constante.

Una historia que resuena con fuerza es la de Lehman Brothers, una firma de inversión que se derrumbó en 2008, desencadenando una de las peores crisis financieras en la historia reciente. Su caída subraya los peligros de la excesiva toma de riesgos y la falta de regulación adecuada, ilustrando cómo la avaricia y la falta de previsión pueden llevar a consecuencias desastrosas no solo para una empresa, sino para la economía global.

Otra narrativa significativa es la de la Compañía de las Indias Orientales, un gigante comercial en los siglos XVII y XVIII. A pesar de su inmenso poder y riqueza, la compañía se desplomó debido a la mala gestión, la corrupción y las cambiantes dinámicas políticas, demostrando que incluso el control comercial masivo no es garantía de supervivencia a largo plazo.

Casos como el de Enron y su espectacular colapso, revela las consecuencias del fraude corporativo, la contabilidad creativa y la falta de transparencia.

A través de estas historias, se destaca cómo la arrogancia, la falta de ética y la resistencia al cambio son a menudo precursores del declive. Al mirar hacia atrás a estos imperios económicos caídos, se revelan no solo las causas de su fracaso, sino también la importancia crítica de la integridad, la innovación y la sostenibilidad en el mundo empresarial.

Si bien las caídas de los imperios económicos ofrecen lecciones sobre los peligros del exceso y la importancia de la adaptación, los desastres ecológicos nos enfrentan a una realidad aún más inquietante: las consecuencias de nuestros fracasos pueden trascender generaciones y tener un impacto irreversible en nuestro planeta. Desastres ambientales han dejado una huella profunda en la Tierra, forzándonos a reconocer nuestra vulnerabilidad y la urgencia de actuar con responsabilidad hacia nuestro medio ambiente. Desde derrames de petróleo hasta desastres nucleares, la negligencia, la mala gestión y a menudo la pura imprudencia han llevado a crisis ecológicas. Estas tragedias han moldeado nuestra comprensión de la sostenibilidad y el respeto por el mundo natural.

DESASTRES ECOLÓGICOS
CUANDO EL FRACASO TRASCIENDE

El impacto de los errores humanos no siempre se limita al ámbito económico o tecnológico; a veces, sus consecuencias pueden extenderse al entorno natural, afectando ecosistemas enteros y la vida de generaciones futuras. Los desastres ecológicos ofrecen algunas de las lecciones más duras y trascendentales sobre el fracaso. Estos eventos no solo representan pérdidas económicas inmediatas o desafíos logísticos, sino que también llevan consigo consecuencias duraderas que afectan ecosistemas, comunidades y generaciones futuras. La negligencia humana, la falta de previsión y la mala gestión han provocado daños ambientales de magnitud inmensurable.

Uno de los casos más infames es el desastre nuclear de Chernóbil en 1986. La explosión en la planta nuclear no solo causó una tragedia inmediata en términos de vidas perdidas y enfermedades, sino que también dejó una huella permanente en el ambiente, mostrando las catastróficas consecuencias de la falta de seguridad y transparencia en la gestión de la energía nuclear.

Similar en su alcance global fue el derrame de petróleo del Exxon Valdez en 1989, que no solo devastó ecosistemas marinos, sino que también revolucionó la legislación sobre el transporte de petróleo y la responsabilidad corporativa en materia de desastres ambientales. A través de estos y otros ejemplos, como el desastre de Bhopal y la deforestación de la Amazonía, podemos ver cómo los fracasos en la administración del medio ambiente pueden tener repercusiones que van más allá de lo inmediato, forzando a la humanidad a enfrentar las consecuencias de sus acciones y a reconsiderar su relación con la naturaleza.

Mientras que los desastres ecológicos representan fallos físicos y tangibles con impactos directos en el planeta, el fracaso también ha sido un tema prolífico en el mundo de la literatura, donde actúa como un catalizador para la reflexión profunda y la catarsis emocional. En el próximo capítulo, cambiamos nuestra perspectiva de los desastres tangibles a los abstractos, explorando cómo el fracaso ha sido plasmado y conceptualizado en la literatura. Desde las tragedias griegas hasta las novelas contemporáneas, la literatura ha servido como un espejo que refleja nuestras luchas personales y colectivas con el fracaso, permitiéndonos procesar y comprender nuestras experiencias a través de la narrativa y la metáfora. Muchos escritores han representado el fracaso, y tales representaciones han influido en nuestra comprensión y aceptación de nuestras propias fallas y deficiencias.

EL FRACASO EN LA LITERATURA
REFLEJO Y CATARSIS

La literatura ha sido, a lo largo de los siglos, un fiel reflejo de la condición humana, capturando con palabras las alegrías y las penas, los triunfos y los fracasos. El fracaso ha sido retratado en la literatura, no solo como un tema recurrente, sino como un vehículo para la introspección, la empatía y, en última instancia, la catarsis.

Desde las trágicas figuras de la antigua Grecia, cuyas fallas fatales los llevaban inexorablemente a su perdición, hasta los personajes de las novelas modernas que luchan contra las adversidades internas y externas, la literatura ha explorado el fracaso en todas sus formas. Un ejemplo emblemático es el de Hamlet, la obra de Shakespeare, donde el protagonista enfrenta un conflicto interno que lo lleva a un destino trágico. Hamlet no solo es un estudio sobre la indecisión y sus consecuencias, sino también una exploración de cómo el fracaso personal puede impactar en todo un reino.

La literatura también ha usado el fracaso para criticar y reflejar las fallas de las sociedades. En "1984" de George Orwell, por ejemplo, el fracaso se manifiesta en la lucha del individuo contra un sistema opresivo, representando la pérdida de la libertad y la identidad personal.

Existen obras contemporáneas que han abordado el fracaso desde una perspectiva más íntima y personal, mostrando cómo los personajes aprenden y crecen a partir de sus fracasos. Estas historias funcionan como un espejo para los lectores, permitiéndoles experimentar de manera segura emociones difíciles y, a través de la empatía con los personajes, procesar sus propios fracasos y desafíos.

La literatura, al reflejar y proporcionar una catarsis para el fracaso humano, nos prepara para el siguiente paso de nuestro viaje. En él, veremos cómo los fracasos, tanto personales como colectivos, pueden ser recontextualizados como lecciones fundamentales en el camino hacia el éxito. Este capítulo no solo sintetizará las enseñanzas de los capítulos anteriores, también nos proporcionará un marco para entender el fracaso no como el opuesto del éxito, sino como una parte integral y necesaria del proceso hacia el logro de nuestros objetivos y aspiraciones. A través de historias inspiradoras y análisis profundos, descubriremos cómo los fracasos vividos, leídos y experimentados pueden convertirse en los cimientos sobre los cuales construimos nuestras mayores victorias.

Redefiniendo el éxito
Fracasos que nos enseñan a ganar

El fracaso no es el antónimo del éxito, sino un escalón fundamental en su escalera. Los fracasos, correctamente interpretados y utilizados, pueden convertirse en poderosas lecciones y herramientas para lograr éxitos extraordinarios.

Historias de figuras históricas y contemporáneas han utilizado sus fracasos como trampolines hacia el éxito. Personajes como Abraham Lincoln, quien enfrentó numerosas derrotas en su vida política antes de convertirse en uno de los presidentes más recordados de los Estados Unidos, y J.K. Rowling, quien pasó de enfrentar el rechazo de múltiples editoriales a ser la autora de una de las series de libros más vendidas de todos los tiempos, Harry Potter. Estas historias no solo inspiran, sino que también ofrecen una visión práctica de cómo el fracaso puede ser un motivador y un maestro.

Fracasos empresariales, proyectos descartados y errores inesperados han llevado a innovaciones y descubrimientos revolucionarios. Un caso es el de Thomas

Edison, cuyos numerosos fracasos en el laboratorio dieron paso a inventos que cambiaron el mundo.

A través de estos relatos, se propone una redefinición del éxito. En lugar de verlo como un destino final o un estado permanente, lo conceptualizamos como un proceso dinámico, donde cada fracaso contribuye al crecimiento, al aprendizaje y a la eventual realización de objetivos. Esta perspectiva nos permite abordar los fracasos con una mentalidad más abierta y constructiva, reconociendo su valor en nuestro desarrollo personal y profesional.

El fracaso ha jugado un rol crucial en diversos aspectos históricos, tecnológicos y literarios, y puede ser un precursor del éxito. Es importante adentrarse en el ámbito de la psicología para desentrañar el impacto y el manejo del fracaso a nivel personal e íntimo. Aquí, cambiamos nuestro enfoque del mundo exterior al interior, investigando cómo nuestras mentes y emociones procesan el fracaso y cómo podemos, a nivel psicológico, transformar estas experiencias en oportunidades para el crecimiento y el desarrollo personal. Al comprender los mecanismos psicológicos detrás del miedo al fracaso, la resistencia y la recuperación, podremos equiparnos mejor para enfrentar los desafíos y convertir las derrotas en victorias.

Desglosando el Fracaso
Una perspectiva psicológica

En esta sección del libro, nos sumergimos en el reino de la psicología para explorar el fracaso desde una perspectiva más personal e íntima. Aquí, nuestro objetivo es comprender cómo nuestras mentes y emociones reaccionan ante el fracaso, qué lecciones podemos extraer de estas experiencias y cómo podemos transformarlas en escalones hacia el crecimiento personal y profesional.

El fracaso, a menudo percibido como algo negativo o incluso temido, es en realidad una parte integral y necesaria del viaje humano. Desde una perspectiva psicológica, el fracaso puede ser un catalizador para el desarrollo personal, ofreciendo oportunidades únicas para el aprendizaje, la adaptación y el fortalecimiento del carácter. En esta sección, abordamos cómo nuestras respuestas emocionales y cognitivas al fracaso pueden variar enormemente y cómo la percepción de estos eventos puede influir profundamente en nuestra capacidad de recuperarnos y prosperar.

Exploraremos conceptos como la resiliencia, la mentalidad de crecimiento, y la importancia de la autocompasión en el manejo del fracaso. A través de un análisis detallado y empático, buscamos proporcionar una comprensión más profunda de cómo el fracaso, lejos de ser un final, puede ser un inicio prometedor.

Uno de los aspectos más fundamentales y a menudo paralizantes del fracaso son el miedo y el estigma asociados a él. En la psicología detrás del miedo al fracaso podemos ver cómo las presiones sociales, las expectativas personales y las experiencias pasadas moldean nuestra percepción del fracaso.

Aquí, exploramos las raíces del estigma del fracaso, cómo afecta nuestras decisiones y acciones, y por qué a menudo evitamos riesgos o nuevas oportunidades por temor a fracasar. También examinamos las consecuencias de vivir en una cultura que frecuentemente valora el éxito sobre el aprendizaje y el crecimiento personal. Al comprender mejor nuestros miedos y cómo enfrentarlos, podemos empezar a desmantelar el estigma del fracaso y abrazarlo como una parte esencial y enriquecedora de nuestra experiencia humana.

El estigma del fracaso
Entender nuestro miedo

El miedo al fracaso, profundamente arraigado en nuestra psique, suele ser un motor que dirige nuestras decisiones y comportamientos. A menudo, este temor nos lleva a evitar riesgos, limitando así nuestro potencial para el crecimiento y la innovación. El fracaso, percibido como una señal de debilidad o incompetencia, impacta negativamente en nuestra autoestima y confianza en nosotros mismos. Esta percepción se origina en experiencias tempranas y se ve reforzada por mensajes culturales que equiparan el éxito con el valor personal.

En la educación, por ejemplo, un énfasis excesivo en los resultados en lugar del proceso de aprendizaje fomenta la creencia de que cometer errores es vergonzoso. En el ámbito laboral, esta mentalidad puede crear una cultura corporativa que castiga el error, reprimiendo la creatividad y la innovación.

Para combatir el estigma del fracaso, es crucial adoptar una mentalidad de crecimiento, en la que los fracasos se ven como oportunidades para aprender y desarrollarse. Entender que el fracaso no define nuestra capacidad, sino que contribuye a nuestro desarrollo, es fundamental para transformar nuestra relación con él.

Implementar la autocompasión es una estrategia efectiva para cambiar nuestra percepción del fracaso. Tras un revés, en lugar de ser críticos y duros con nosotros mismos, la autocompasión nos permite enfrentar nuestras fallas con empatía y comprensión. Esto facilita la resiliencia y la recuperación, permitiéndonos abordar los desafíos futuros con una mentalidad más abierta y flexible.

Finalmente, para cambiar la cultura del fracaso a nivel social, es necesario fomentar entornos donde se valore y aliente el riesgo, la experimentación y el aprendizaje de los errores. Crear espacios seguros donde el fracaso sea visto como parte integral del proceso de crecimiento, tanto en entornos educativos como profesionales, puede liberarnos de los miedos que limitan nuestro potencial y abrir camino a una sociedad más innovadora y resiliente.

El miedo al fracaso en el mundo empresarial a menudo lleva a una aversión al riesgo, lo que puede ser particularmente limitante. Es importante profundizar en la psicología detrás del empresario fracasado, desentrañando cómo las experiencias de fracaso pueden moldear, pero no necesariamente definir, el viaje empresarial.

A través de perfiles y estudios de caso, veremos cómo empresarios notables han enfrentado sus fracasos y los han utilizado como catalizadores para el éxito futuro. Exploraremos los patrones de pensamiento, las reacciones emocionales y las estrategias de recuperación comunes entre empresarios que han experimentado fracasos significativos, y cómo estas experiencias han contribuido a su crecimiento y éxito final.

Este análisis no solo humaniza el proceso del fracaso en los negocios, sino que también proporciona perspectivas valiosas sobre la fortaleza, la adaptación y la importancia de mantener una visión a largo plazo en el mundo empresarial.

El empresario fracasado
Un perfil psicológico

El fracaso en el emprendimiento es una realidad común, pero su impacto va más allá de las pérdidas económicas, tocando profundamente la psique del empresario. Es necesario entender la mentalidad y las emociones de empresarios que han enfrentado fracasos significativos, y cómo estas experiencias han moldeado su enfoque hacia futuros desafíos y oportunidades.

Los empresarios fracasados a menudo pasan por un proceso de duelo que incluye negación, ira, negociación, depresión y finalmente aceptación. Este proceso es crucial para la recuperación y el aprendizaje. La capacidad de reflexionar sobre el fracaso, admitir errores y extraer lecciones valiosas es lo que a menudo distingue a los empresarios exitosos de los que permanecen estancados en sus fracasos.

Un factor clave en la recuperación y el crecimiento tras un fracaso es la capacidad de regeneración. Esta cualidad permite a los empresarios soportar los reveses y mantener una visión clara de sus objetivos a largo plazo. Esta capacidad no es innata; se desarrolla a través de experiencias y la actitud hacia ellas.

Otro aspecto importante es la red de apoyo. Empresarios que se rodean de una red de colegas, mentores y asesores tienen más probabilidades de superar los fracasos y aprender de ellos. Estas redes no solo ofrecen apoyo emocional, sino también consejos prácticos y perspectivas diferentes.

La aceptación del fracaso como parte del proceso empresarial también juega un papel crucial. Reconocer que no todos los proyectos o ideas tendrán éxito libera a los empresarios de la parálisis por análisis y les permite tomar riesgos calculados.

Aunque el fracaso puede ser un golpe para el empresario, también tiene el potencial de ser una fuente de creatividad y renovación. Exploremos esta paradoja, examinando cómo el enfrentar y superar el fracaso puede abrir puertas a nuevas formas de pensar, innovaciones y soluciones creativas. En lugar de ser un fin, el fracaso puede ser un catalizador que impulse la creatividad y la reinvención. Los empresarios pueden transformar sus fracasos en oportunidades para reinventarse a sí mismos y a sus negocios, utilizando el fracaso como un trampolín para la innovación y el éxito a largo plazo.

FRACASO Y CREATIVIDAD
LA PARADOJA DE LA DERROTA

El fracaso, a menudo visto como un revés, puede ser un poderoso catalizador para la creatividad. La relación entre los fracasos y los procesos creativos, demuestra cómo los obstáculos y las derrotas pueden fomentar la innovación y el pensamiento original.

En el mundo empresarial y creativo, el fracaso actúa como un agente disruptivo que desafía las normas establecidas y estimula la búsqueda de soluciones nuevas y audaces. Muchas de las innovaciones que hoy en día damos por sentadas surgieron de errores, experimentos fallidos y proyectos descartados. La historia de la ciencia y la tecnología está llena de ejemplos donde los fracasos condujeron a descubrimientos inesperados.

Existen casos notables donde el fracaso ha llevado a avances significativos. Por ejemplo, cómo la imposibilidad de lograr ciertos objetivos con los métodos tradicionales ha llevado a científicos y empresarios a pensar fuera de lo establecido, llevando a avances revolucionarios.

51

Además, la mentalidad frente al fracaso influye en el proceso creativo. Aquellos que ven el fracaso como una oportunidad para aprender y crecer tienden a ser más abiertos a experimentar y correr riesgos, elementos esenciales para la creatividad. Es muy útil incorporar técnicas y estrategias para fomentar esta mentalidad positiva hacia el fracaso, lo que incluye la práctica de la reflexión, la resiliencia y la flexibilidad cognitiva.

La actitud hacia el fracaso no solo es una cuestión individual, sino también un producto de la cultura y el entorno social. Veamos cómo diferentes sociedades y culturas tratan el fracaso, y cómo estas actitudes colectivas influyen en la disposición individual y empresarial para asumir riesgos y abrazar la innovación. Es necesario desentrañar el constructo cultural de la tolerancia al fracaso, examinando cómo factores como la educación, las políticas empresariales y los valores sociales contribuyen a forjar una mentalidad que puede ser más o menos propicia para el crecimiento y la innovación a través del fracaso. Analizaremos cómo ciertas culturas fomentan una mayor tolerancia al fracaso, creando un terreno fértil para la experimentación y el progreso, mientras que otras pueden inhibir la creatividad y el riesgo debido al miedo al fracaso y al estigma asociado.

La tolerancia al fracaso
Un constructo cultural

La tolerancia al fracaso varía significativamente de una cultura a otra y esta variabilidad tiene un impacto profundo en cómo los individuos y las sociedades perciben y manejan el fracaso. Examinemos la tolerancia al fracaso como un constructo cultural, explorando cómo diferentes entornos y tradiciones modelan nuestras actitudes hacia el fracaso y el riesgo.

En algunas culturas, el fracaso se ve como una parte esencial del proceso de aprendizaje y crecimiento. Estas culturas fomentan la experimentación, la innovación y el riesgo. Un ejemplo destacado es el enfoque de Silicon Valley hacia el fracaso en los negocios, donde los fracasos anteriores a menudo se consideran un paso necesario hacia el éxito futuro y pueden aumentar la credibilidad de un emprendedor.

Por otro lado, en culturas donde predomina el miedo al fracaso, puede haber una tendencia a evitar riesgos y a adherirse a métodos probados y verdaderos, lo que a menudo limita la innovación y la creatividad. En estos entornos, el fracaso puede ser visto como una fuente de vergüenza y estigma, lo que lleva a una aversión generalizada al riesgo.

Las instituciones educativas y las políticas empresariales pueden influir en la percepción del fracaso. La educación que enfatiza la experimentación y el aprendizaje a través de errores prepara a los estudiantes para enfrentar desafíos y fracasos en su vida profesional y personal.

Si bien la tolerancia al fracaso puede ser fomentada o inhibida por la cultura, a nivel individual, el fracaso puede desencadenar una espiral de negatividad que es crucial romper. Abordemos la 'espiral del fracaso', un ciclo en el que un fracaso inicial lleva a un miedo creciente al fracaso, lo que a su vez puede conducir a más fracasos o a la evitación de oportunidades. Los individuos pueden reconocer y romper esta espiral negativa explorando estrategias prácticas para desarrollar resiliencia, reestructurar pensamientos negativos y aprender de los fracasos para evitar caer en ciclos de miedo y evitación. Al comprender y aplicar estas estrategias, podemos transformar la espiral del fracaso en una escalera de aprendizaje y crecimiento continuos.

LA ESPIRAL DEL FRACASO
ROMPIENDO EL CICLO

La espiral del fracaso es un fenómeno psicológico donde una experiencia de fracaso lleva a un miedo incrementado de fallar nuevamente, lo que puede resultar en un ciclo de fracasos continuos o en la evitación de tomar riesgos. Es importante identificar y romper esta espiral negativa, proporcionando estrategias para transformar la experiencia del fracaso en un catalizador para el crecimiento personal y el éxito.

Una de las claves para romper la espiral del fracaso es el desarrollo de la resiliencia. Esto implica cultivar la capacidad de recuperarse rápidamente de los contratiempos y ver los fracasos como temporales y específicos, en lugar de permanentes y generalizados. Las técnicas de afrontamiento, como la reevaluación cognitiva y la reflexión constructiva, son esenciales en este proceso.

Otra estrategia importante es el aprendizaje activo del fracaso. Esto significa analizar objetivamente por qué ocurrió el fracaso, qué se puede aprender de él y cómo se pueden aplicar estas lecciones en el futuro. El objetivo no es solo recuperarse del fracaso, sino salir de él más fuertes y sabios.

La aceptación del fracaso también juega un papel crucial en romper la espiral. Reconocer que el fracaso es una parte normal y natural del proceso de toma de riesgos y de la vida en general ayuda a mitigar el miedo y la ansiedad que a menudo lo acompañan. Esta aceptación, combinada con una actitud positiva hacia los desafíos y un enfoque en el crecimiento continuo, puede convertir las experiencias de fracaso en oportunidades para el desarrollo personal y profesional.

El fracaso no discrimina y puede afectar a todos, independientemente de su estatus o éxito anterior. Exploremos el fracaso desde la perspectiva del liderazgo, analizando cómo incluso los líderes más exitosos y reconocidos pueden enfrentar fracasos significativos. Examinemos cómo el fracaso puede impactar a los líderes, no solo a nivel personal, sino también en la manera en que conducen a sus equipos y organizaciones. Se destacan las lecciones aprendidas por líderes que han experimentado fracasos públicos y cómo han utilizado esas experiencias para mejorar su liderazgo y guiar a sus equipos hacia el éxito renovado. Este análisis ofrece perspectivas valiosas sobre la resiliencia, la adaptabilidad y la humildad en el liderazgo, y cómo estos atributos pueden ser cruciales para recuperarse y prosperar después de un revés.

FRACASO Y LIDERAZGO
CUANDO CAEN LOS GRANDES

El fracaso en el liderazgo puede ser una experiencia desalentadora, pero también ofrece oportunidades únicas para el crecimiento y el aprendizaje. En las historias de líderes destacados que han enfrentado fracasos significativos, podemos analizar cómo estas experiencias han impactado su enfoque del liderazgo y las lecciones que se pueden extraer de ellas.

Los líderes eficaces no son inmunes al fracaso; de hecho, muchos han experimentado reveses notables en su carrera. Sin embargo, la manera en que un líder maneja el fracaso es lo que finalmente define su carácter y eficacia. Un aspecto clave del liderazgo exitoso después del fracaso es la capacidad de admitir errores y aprender de ellos. Esta vulnerabilidad y transparencia pueden fortalecer la confianza y el respeto dentro de sus equipos y organizaciones.

Un ejemplo ilustrativo es el de un CEO que lideró una fusión empresarial fallida, aprendiendo valiosas lecciones sobre la importancia de la cultura organizacional y la comunicación efectiva. Otro caso es el de un líder político cuyas políticas no lograron el efecto deseado, llevándolo a reevaluar y ajustar su enfoque para mejor servir a su comunidad.

El fracaso puede ser una herramienta poderosa para el desarrollo del liderazgo. Los líderes que han enfrentado y superado fracasos a menudo desarrollan una mayor empatía, una mejor capacidad para la toma de decisiones bajo presión y una comprensión más profunda de los riesgos y oportunidades.

Aunque el fracaso en el liderazgo tiene implicaciones en el ámbito profesional y organizacional, el fracaso personal puede tener un impacto público significativo, especialmente en la era de las redes sociales y la comunicación global. Los fracasos personales de figuras públicas, desde políticos hasta celebridades, pueden tener consecuencias que van más allá de lo individual, afectando su reputación, su carrera y a veces incluso a la sociedad en general. El manejo de fracasos personales en el ojo público puede ser un acto delicado, requiriendo un equilibrio entre la autenticidad, la responsabilidad y la necesidad de mantener la confianza y el respeto de la audiencia o electorado.

EL FRACASO PERSONAL Y SU IMPACTO PÚBLICO

El fracaso personal, especialmente cuando involucra a figuras públicas, no solo afecta al individuo, sino que también puede tener un impacto significativo en la esfera pública. Las dinámicas y consecuencias del fracaso personal de figuras prominentes resuenan más allá de su esfera privada.

Cuando una figura pública enfrenta un fracaso personal, ya sea un error profesional grave, un escándalo o una mala decisión, las repercusiones pueden ser amplias. Estos fracasos pueden afectar la percepción pública de la persona, dañar su credibilidad y confianza, e incluso influir en la opinión pública sobre temas relacionados. Por ejemplo, un político cuya vida personal es objeto de escrutinio puede ver cómo su capacidad para liderar y representar a sus electores se ve comprometida.

El manejo de estos fracasos personales en público es crucial. La forma en que una figura pública responde a sus errores - ya sea mediante la aceptación de responsabilidad, el ofrecimiento de una disculpa sincera o la toma de medidas correctivas - puede ser determinante en la recuperación de su imagen y en la restauración de la confianza pública.

Además, el rol de los medios de comunicación y las redes sociales amplifican los fracasos personales de las figuras públicas. En la Era Digital, la información y las opiniones se difunden rápidamente, lo que puede tanto exacerbar el impacto de un fracaso como ofrecer plataformas para una rehabilitación efectiva de la imagen.

La aceptación del fracaso es un paso crítico no solo para las figuras públicas, sino para cualquier persona que busque superar un revés y avanzar. Aceptar el fracaso como parte del camino hacia el éxito es importante. La aceptación del fracaso permite un análisis constructivo de los errores, la apertura a la retroalimentación y el aprendizaje, y la posibilidad de hacer cambios significativos y progresos. Al aceptar el fracaso, individuos y organizaciones pueden liberarse del miedo y la parálisis que a menudo lo acompañan, abriendo la puerta a oportunidades de crecimiento, innovación y eventual éxito.

ACEPTAR EL FRACASO
EL PRIMER PASO HACIA LA VICTORIA

Aceptar el fracaso es esencial para cualquier proceso de crecimiento y éxito. La aceptación del fracaso no es un signo de rendición, sino un paso valiente hacia la comprensión, el aprendizaje y la superación. Al reconocer y aceptar nuestros fracasos, podemos analizar objetivamente qué salió mal, aprender de nuestros errores y tomar medidas para evitar repetirlos.

La aceptación implica una honestidad brutal con uno mismo, una disposición a desmontar las capas de negación o justificación. Este proceso de introspección permite identificar tanto las debilidades personales como los factores externos que contribuyeron al fracaso. A partir de ahí, se pueden desarrollar estrategias para abordar estos desafíos, fortaleciendo habilidades y ajustando enfoques.

Un aspecto crucial de aceptar el fracaso es cambiar la narrativa interna sobre lo que significa fracasar. En lugar de verlo como un final catastrófico, se puede reenmarcar como un hito en el camino del aprendizaje.

Este cambio de perspectiva es fundamental para mantener la motivación y el impulso hacia adelante.

Es importante el apoyo y la retroalimentación en el proceso de aceptación del fracaso. Tener una red de soporte compuesta por colegas, mentores o amigos puede proporcionar perspectivas externas valiosas y apoyo emocional en momentos difíciles.

Las relaciones, ya sean amistades, romances o vínculos familiares, también están sujetas a fracasos. Los fracasos en las relaciones pueden ofrecer oportunidades únicas para el crecimiento personal y la comprensión emocional. Al explorar las causas y las dinámicas de las relaciones fallidas, podemos aprender valiosas lecciones sobre la comunicación, la empatía, las necesidades personales y los límites. Estas lecciones, aunque dolorosas, son esenciales para construir relaciones más fuertes y satisfactorias en el futuro.

El fracaso en las relaciones
Lecciones de los lazos rotos

El fracaso en las relaciones personales, a menudo doloroso y desafiante, puede convertirse en una fuente inesperada de crecimiento y autoconocimiento. Los fracasos en las relaciones, ya sean románticas, amistosas o familiares, pueden enseñarnos lecciones valiosas sobre nosotros mismos, nuestras necesidades y cómo nos relacionamos con los demás.

El análisis introspectivo de una relación fallida puede revelar patrones de comportamiento y expectativas poco realistas. A menudo, estos patrones son inconscientes y se repiten en múltiples relaciones, lo que lleva a ciclos de fracaso y frustración. Al reconocer y comprender estos patrones, podemos empezar a cambiarlos, mejorando así nuestras futuras interacciones y relaciones.

La comunicación efectiva y la empatía son muy importantes. Muchos fracasos relacionales se deben a malentendidos, falta de comunicación o incapacidad para apreciar las perspectivas de los demás. Aprender a comunicarse de manera más efectiva y a practicar la empatía puede prevenir muchos conflictos y malentendidos.

El perdón, tanto hacia uno mismo como hacia los demás, es otro aspecto crucial. El perdón no significa olvidar o justificar el dolor causado, sino más bien liberarse del rencor y el resentimiento, lo cual es esencial para la curación emocional y el crecimiento personal.

Si bien el fracaso en las relaciones puede ser una fuente de dolor y angustia, también ofrece una oportunidad para desarrollar y fortalecer la salud emocional. La resiliencia es una habilidad crucial para navegar por los fracasos y desafíos de la vida. No solo nos ayuda a recuperarnos de los reveses, sino que también nos prepara mejor para futuros desafíos, permitiéndonos abordar la vida con una mayor sensación de seguridad y confianza. Por ello es conveniente tener estrategias prácticas para construir y fomentar la resiliencia, incluyendo el manejo de emociones, el cultivo de una mentalidad positiva y el desarrollo de redes de apoyo sólidas. Estas estrategias son esenciales no solo para superar los fracasos en las relaciones, sino para enfrentar con éxito todo tipo de desafíos personales y profesionales.

LA RESILIENCIA
CONSTRUIR FORTALEZA EMOCIONAL

La resiliencia, la capacidad de recuperarse rápidamente de las dificultades, es una habilidad crucial para manejar el fracaso y los reveses de la vida. Desarrollar y fortalecer la resiliencia emocional transforma los desafíos en oportunidades de crecimiento personal.

La resiliencia implica una combinación de autoconocimiento, aceptación y una actitud proactiva ante la vida. Un aspecto clave de la resiliencia es la capacidad de comprender y gestionar nuestras emociones. Reconocer y aceptar emociones como la tristeza, la frustración o la ira, en lugar de reprimirlas, es esencial para el proceso de recuperación.

Otro componente importante de la resiliencia es el pensamiento positivo. Esto no significa ignorar la realidad o la gravedad de una situación, sino más bien adoptar una perspectiva en la que los desafíos se ven como superables y como oportunidades para aprender y mejorar. El pensamiento positivo también incluye la práctica de la gratitud y la capacidad de encontrar alegría y propósito, incluso en momentos difíciles.

Es importante establecer y mantener redes de apoyo sólidas. Las relaciones con amigos, familiares y colegas pueden proporcionar consuelo, perspectiva y consejo en momentos de fracaso. Estas redes no solo ofrecen apoyo emocional, sino que también pueden ayudar a identificar soluciones prácticas y estrategias para superar los obstáculos.

El desarrollo de la resiliencia es un proceso continuo. Incluye la práctica de la auto reflexión, el establecimiento de metas realistas y el compromiso con el aprendizaje y el crecimiento personal. La resiliencia no se trata de evitar el fracaso, sino de aprender a lidiar con él de manera efectiva y salir fortalecido.

Habiendo explorado las bases de la resiliencia emocional, el apartado siguiente se adentra en la aplicación práctica de estos conceptos y se enfoca en cómo individuos y organizaciones han aplicado principios de resiliencia para superar fracasos significativos y alcanzar el éxito. A través de estudios de caso y análisis detallados, esta sección proporcionará ejemplos concretos y estrategias reales que demuestran la resiliencia en acción, ofreciendo inspiración y orientación práctica para aplicar estas habilidades en situaciones de la vida real.

LA RESILIENCIA EN ACCIÓN

En esta sección del libro, nos sumergimos en el mundo práctico de la resiliencia en acción. Aquí, las teorías y conceptos discutidos anteriormente cobran vida a través de historias reales y ejemplos de cómo individuos, líderes y organizaciones han utilizado la resiliencia para superar desafíos significativos y alcanzar el éxito.

Las historias y casos que se presentan en esta sección sirven como fuente de inspiración y aprendizaje. Ellas demuestran que, aunque el fracaso y los desafíos son inevitables, la forma en que reaccionamos y nos adaptamos a estas situaciones puede marcar la diferencia entre el estancamiento y el éxito.

Mientras que lo ya visto se centró en entender la resiliencia desde un punto de vista teórico y emocional, el siguiente capítulo marca el inicio de nuestra exploración práctica de la resiliencia. Este capítulo se dedica a definir la resiliencia en términos prácticos y a explorar cómo se manifiesta en la vida real. A través de ejemplos concretos y relatos personales, veremos cómo las personas han aplicado los principios de resiliencia en situaciones desafiantes, convirtiendo los reveses y fracasos en oportunidades para el crecimiento y el éxito.

Al detallar historias de individuos que han enfrentado y superado adversidades significativas, tendremos una comprensión más profunda y aplicada de la resiliencia. Estos relatos no solo inspiran, sino que también ofrecen lecciones prácticas que pueden ser implementadas en nuestras propias vidas.

DEFINIENDO LA RESILIENCIA
MÁS ALLÁ DE LA TEORÍA

La resiliencia, más que un concepto abstracto, es una cualidad tangible que se manifiesta en acciones y decisiones frente a la adversidad. Ésta se traduce en la vida real, ofreciendo ejemplos concretos y relatos personales de individuos que han enfrentado y superado desafíos significativos.

Comenzamos con la historia de una emprendedora que, tras la quiebra de su primer negocio, utilizó las lecciones aprendidas para construir una empresa exitosa. El reconocimiento y la aceptación del fracaso pueden ser el primer paso para desarrollar una estrategia más robusta y resistente.

Otro ejemplo es el de un atleta que, después de sufrir una lesión potencialmente devastadora para su carrera, logró regresar al deporte de alto rendimiento, con la determinación, el enfoque en la recuperación y la adaptación a nuevas realidades.

La resiliencia se manifiesta en situaciones de crisis o cambios significativos, como la adaptación de empresas a la transformación digital o la respuesta de comunidades a desastres naturales. Estos ejemplos muestran que la resiliencia no es solo una respuesta individual, sino también colectiva, y puede ser un poderoso motor de innovación y cambio.

Muchas personas que han superado obstáculos aparentemente insuperables, demostrando la fortaleza del espíritu humano y su capacidad para adaptarse y prosperar incluso en las circunstancias más difíciles. Desde individuos que han superado adversidades personales hasta líderes que han guiado a sus equipos a través de crisis, estas historias demuestran el poder de la resiliencia para transformar los desafíos en oportunidades y el fracaso en éxito.

HISTORIAS DE RESILIENCIA
CASOS REALES QUE INSPIRAN

María, una contadora de 35 años, perdió su trabajo en una empresa importante debido a recortes presupuestarios. Enfrentándose a dificultades financieras severas y con dos hijos que mantener, decidió utilizar su experiencia y conocimientos para fundar su propia firma de contabilidad. Inicialmente, trabajó desde su casa, enfrentando desafíos como la falta de recursos y una red de clientes limitada. Sin embargo, su tenacidad y habilidad para adaptarse a las circunstancias la llevaron a conseguir pequeños clientes locales. Con el tiempo, y gracias a su excelente servicio y boca a boca, su negocio creció. Cinco años más tarde, María había transformado su situación de desempleo en una próspera empresa con varios empleados.

Un equipo, conocido como "Los Ángeles de la Crisis", está compuesto por personas de diversos orígenes, incluyendo bomberos, paramédicos, ingenieros y voluntarios. Se especializan en responder a desastres naturales como terremotos y huracanes. En un incidente particular, enfrentaron el desafío de rescatar a personas atrapadas en un edificio colapsado tras un terremoto. A pesar de las difíciles condiciones y los riesgos, trabajaron incansablemente durante horas, utilizando una combinación de habilidades técnicas y fuerza física, logrando salvar a varias personas. Esta operación resaltó la importancia de la resiliencia grupal, la comunicación efectiva y la toma de decisiones en situaciones de alta presión.

Luis y Ana son hermanos que crecieron en un barrio desfavorecido, enfrentándose a desafíos como la pobreza y la discriminación. A pesar de estas circunstancias, ambos mostraron un compromiso excepcional con su educación. Luis, apasionado por las matemáticas, dedicó horas adicionales al estudio y participó en concursos académicos. A través de becas y el apoyo de mentores, logró asistir a una universidad prestigiosa, donde se graduó con honores. Ana, por su parte, mostró un talento excepcional en escritura y, a través de su participación en programas de escritura creativa, recibió becas para estudiar periodismo. Ambos hermanos, a través de su resiliencia y determinación, superaron sus circunstancias adversas y alcanzaron logros académicos y profesionales significativos, sirviendo de inspiración para otros jóvenes en situaciones similares.

Estas historias brindan una visión más rica y profunda de cómo la resiliencia puede manifestarse en diferentes contextos y cómo puede ser un motor poderoso para superar desafíos y alcanzar el éxito. La resiliencia puede ser cultivada desde una temprana edad y con el apoyo adecuado y la mentalidad correcta pueden marcar una diferencia significativa en la vida de una persona.

Adelante veremos una guía práctica sobre cómo desarrollar y fortalecer la resiliencia en nuestra vida diaria. Desde técnicas de manejo del estrés y la ansiedad hasta métodos para fomentar una mentalidad positiva, hasta herramientas y consejos prácticos para construir una fortaleza emocional que nos permita enfrentar desafíos futuros con mayor eficacia y confianza, y así mejorar nuestra capacidad de recuperación y adaptación ante las adversidades.

LOS PASOS DE LA RESILIENCIA
UN CAMINO A SEGUIR

Construir resiliencia es un proceso activo y continuo que involucra varias estrategias y habilidades.

El primer paso es el autoconocimiento. Conocerse a uno mismo, entender nuestras reacciones emocionales y reconocer nuestros patrones de pensamiento en situaciones de estrés es fundamental. Este autoconocimiento permite identificar áreas específicas para el desarrollo y la mejora.

El siguiente paso es desarrollar una mentalidad de crecimiento. Esto implica ver los desafíos y fracasos no como obstáculos insuperables, sino como oportunidades para aprender y crecer. Cambiar la narrativa interna sobre el fracaso y enfocarse en el aprendizaje y el desarrollo personal es crucial para fomentar la resiliencia.

Otra estrategia importante es mejorar la gestión emocional. Esto incluye técnicas para manejar el estrés, como la meditación, el ejercicio regular y las prácticas de atención plena. Además, es esencial cultivar emociones positivas, lo que puede hacerse a través de actividades que generen satisfacción y felicidad.

La construcción de redes de apoyo sólidas también es un paso clave. Estar rodeado de amigos, familiares o colegas que ofrecen apoyo y comprensión puede ser invaluable durante tiempos difíciles.

Por último, es importante destacar la importancia de la adaptabilidad. Ser flexibles y abiertos a cambios, explorar nuevas soluciones y estar dispuestos a ajustar los planes cuando las circunstancias lo requieren, son componentes esenciales de la resiliencia.

Veamos ahora cómo la resiliencia se aplica en el mundo empresarial. Cómo los líderes y las organizaciones pueden fomentar una cultura de resiliencia, que no solo ayude a sobrevivir sino también a prosperar en tiempos de cambio y desafío. Se exploran estrategias específicas para la resiliencia empresarial, desde la gestión del cambio y la innovación hasta la construcción de equipos resilientes y la adaptación a los mercados en constante evolución. La resiliencia en los negocios no solo es sobre la supervivencia en tiempos difíciles, sino también sobre la capacidad de aprovechar los desafíos como oportunidades para el crecimiento y la innovación.

RESILIENCIA EN EL MUNDO DE LOS NEGOCIOS

La resiliencia en el ámbito empresarial es crucial para navegar por un entorno que está en constante cambio y lleno de incertidumbres. Las empresas y los líderes empresariales pueden aplicar la resiliencia para superar desafíos, adaptarse a nuevas realidades y prosperar en medio de la adversidad.

Un ejemplo es una *startup* tecnológica que, después de un lanzamiento fallido de producto, no solo revisó su estrategia, sino que también transformó completamente su modelo de negocio. A través de este proceso, la compañía aprendió la importancia de la retroalimentación del cliente, la adaptación rápida y la innovación constante. La resiliencia puede ser un motor para la reinvención y el éxito empresarial.

Otro caso es el de una empresa familiar con décadas de historia que enfrentó una grave crisis financiera. A través de una gestión eficaz, una comunicación abierta con los empleados y una reestructuración audaz, la empresa no solo sobrevivió a la crisis, sino que emergió más fuerte y unida. Esta historia demuestra la importancia de la resiliencia grupal en los negocios y cómo la transparencia y la confianza son fundamentales en tiempos de crisis.

Es importante fomentar una cultura de resiliencia en el lugar de trabajo, incluyendo prácticas como propiciar la autonomía de los empleados, invertir en su desarrollo y crear un ambiente que valore el aprendizaje continuo y la adaptabilidad.

Mientras que la resiliencia en el mundo empresarial es crucial, su aplicación y manifestación varían significativamente entre diferentes culturas. Exploremos cómo la resiliencia se entiende y se practica en diversas culturas alrededor del mundo, destacando las diferentes maneras en que las culturas abordan los desafíos, se adaptan al cambio y superan la adversidad. Al explorar estos diversos enfoques culturales hacia la resiliencia, podemos enriquecer nuestra comprensión de esta habilidad vital y aprender de las estrategias únicas que diferentes sociedades han desarrollado para enfrentar y prosperar ante los desafíos.

LA RESILIENCIA EN DIFERENTES CULTURAS

La resiliencia, una capacidad humana universal, se manifiesta de manera única en diferentes culturas alrededor del mundo. Diversas sociedades entienden y practican la resiliencia, destacando las variadas formas en que las comunidades abordan los desafíos, se adaptan al cambio y superan las adversidades.

Un ejemplo ilustrativo se encuentra en las comunidades japonesas, donde la resiliencia está profundamente arraigada en el concepto de "*gaman*", que se refiere a la perseverancia con dignidad y paciencia. Esta actitud se vio claramente después del terremoto y tsunami de 2011, donde la respuesta de la comunidad destacó la fuerza colectiva y la capacidad para mantener la calma y reconstruir en medio de la devastación.

Por otro lado, en muchas culturas africanas, la resiliencia está vinculada estrechamente con la comunidad y la solidaridad. Por ejemplo, en Sudáfrica, el concepto de *Ubuntu* – "Yo soy porque nosotros somos" – refleja cómo la resiliencia se fortalece a través de las conexiones y el apoyo mutuo dentro de las comunidades.

Las culturas escandinavas enfatizan el equilibrio entre la vida laboral y personal como un componente clave de la resiliencia. En países como Dinamarca y Suecia, la importancia de la calidad de vida y el bienestar general juega un papel crucial en la capacidad de las personas para manejar el estrés y recuperarse de los contratiempos.

Si bien la resiliencia se manifiesta de diferentes maneras en varias culturas, surge la pregunta fundamental: ¿Se puede aprender a ser resiliente? Exploremos si la resiliencia es una cualidad innata o si puede ser enseñada y desarrollada con estrategias y métodos a través de los cuales puede ser fomentada y fortalecida en individuos y grupos. Existen programas educativos, entrenamientos corporativos y estrategias de desarrollo personal que han demostrado ser efectivos en la enseñanza de habilidades de resiliencia. Al proporcionar una visión de cómo la resiliencia puede ser cultivada, se ofrece esperanza y orientación para aquellos que buscan fortalecer su capacidad para enfrentar y superar los desafíos de la vida.

Enseñando Resiliencia
¿Se puede aprender a ser resiliente?

La resiliencia no es solo una característica innata; también puede ser desarrollada y fortalecida a través de prácticas y enseñanzas específicas. Las habilidades de resiliencia pueden ser enseñadas y cultivadas en individuos de todas las edades y en diferentes contextos.

En el ámbito educativo, es importante explorar programas escolares que integren la resiliencia como parte del currículo para enseñar a los estudiantes a manejar el estrés, enfrentar los desafíos, recuperarse de los fracasos y adaptarse a los cambios. Destacando técnicas como la resolución de problemas, el pensamiento crítico y la gestión emocional.

En el contexto corporativo, los programas de entrenamiento en resiliencia se han vuelto cada vez más populares. Estos programas enseñan a los empleados cómo mantener la calma bajo presión, adaptarse a situaciones cambiantes y recuperarse rápidamente de los contratiempos. A través de talleres y actividades prácticas, los empleados aprenden a desarrollar una

A

mentalidad de crecimiento, mejorar la comunicación y fortalecer el trabajo en equipo.

Los individuos pueden aprender a ser más resilientes en su vida personal con estrategias como la autorreflexión, el establecimiento de metas realistas, el desarrollo de una red de apoyo y la búsqueda de nuevas experiencias y desafíos.

Autorreflexión

La auto reflexión es un proceso de mirar hacia adentro para comprender nuestros propios pensamientos, emociones y comportamientos. Esto se puede hacer a través de la meditación, la escritura en un diario o terapia. Al reflexionar sobre nuestras experiencias, especialmente aquellas que involucran fracasos o desafíos, podemos identificar patrones de comportamiento y áreas de mejora. Por ejemplo, una persona puede descubrir a través de la auto reflexión que tiende a rendirse fácilmente ante los desafíos. Reconociendo esto, puede trabajar en estrategias para fortalecer su perseverancia.

Establecimiento de metas realistas

Establecer metas realistas y alcanzables es fundamental para construir resiliencia. Las metas deben ser desafiantes pero realistas para evitar la frustración y el desánimo. Por ejemplo, en lugar de fijar una meta de correr un maratón en un mes sin experiencia previa, un objetivo más realista podría ser correr una carrera de 5 km y gradualmente aumentar la distancia.

Desarrollo de una red de apoyo

Construir una red de apoyo sólida con amigos, familiares y colegas puede proporcionar una fuente importante de ánimo y consejo. Estas redes ofrecen una perspectiva externa y pueden ayudar en tiempos de crisis. Por ejemplo, un empresario que enfrenta el fracaso de su negocio podría apoyarse en colegas para obtener consejos sobre cómo reestructurar su empresa y seguir adelante.

Búsqueda de nuevas experiencias y desafíos

Enfrentar y superar nuevos desafíos es una forma efectiva de construir resiliencia. Esto puede implicar aprender una nueva habilidad, viajar a un lugar desconocido o incluso cambiar de carrera. Cada nueva experiencia y desafío superado construye confianza y demuestra la capacidad de adaptarse y crecer ante las adversidades. Por ejemplo, alguien que teme hablar en público podría unirse a un club de oratoria para desarrollar esta habilidad y superar su miedo.

Al integrar estas estrategias en la vida diaria, los individuos pueden desarrollar una base sólida de resiliencia que les permitirá navegar por los altibajos de la vida con mayor eficacia y confianza.

Si bien la resiliencia puede ser fortalecida a nivel individual, su desarrollo está también profundamente influenciado por el entorno social y la comunidad. Las redes de apoyo y la comunidad juegan un papel crucial en la construcción y el mantenimiento de la resiliencia. El apoyo de familiares, amigos, colegas y grupos comunitarios puede proporcionar recursos emocionales, informativos y prácticos esenciales para superar momentos difíciles. La resiliencia comunitaria ha sido clave en la recuperación de desastres, crisis económicas y situaciones de estrés colectivo. Aunque la resiliencia es una habilidad personal, se fortalece y se nutre en gran medida a través de las relaciones y conexiones con los demás.

Resiliencia y Red de Apoyo
El Poder de la Comunidad

La resiliencia se fortalece significativamente a través de la interacción y el apoyo de una comunidad. Las redes de apoyo y la comunidad contribuyen al desarrollo de la resiliencia en sus miembros. La familia, los amigos, los colegas y las comunidades más amplias juegan un papel fundamental en proporcionar el apoyo necesario para superar los desafíos.

Las comunidades pueden movilizarse para brindar apoyo en tiempos de crisis. Por ejemplo, tras un desastre natural, las comunidades a menudo se unen para proporcionar ayuda inmediata y apoyo a largo plazo a los afectados. Este tipo de resiliencia comunitaria no solo se manifiesta en la asistencia material, sino también en el apoyo emocional y social que ayuda a los individuos a recuperarse y reconstruir sus vidas.

Las comunidades en línea y los grupos de apoyo virtual han trascendido las barreras físicas, permitiendo que las personas se conecten, compartan experiencias y obtengan apoyo de otros que han enfrentado situaciones similares, independientemente de su ubicación geográfica.

Construir y mantener redes de apoyo sólidas es esencial para desarrollar y sostener la resiliencia. La pertenencia a una comunidad que proporciona apoyo, comprensión y recursos puede marcar una diferencia significativa en la capacidad de un individuo para afrontar y superar adversidades.

Mientras que las redes de apoyo son esenciales, la resiliencia también requiere herramientas y estrategias personales para ser sostenible a largo plazo identificando y desarrollando herramientas prácticas que las personas pueden utilizar para construir y mantener una resiliencia duradera. Exploremos diversas técnicas, desde prácticas de *mindfulness* y gestión del estrés hasta métodos para fomentar una mentalidad positiva y estrategias para manejar eficazmente los desafíos. Estas herramientas no solo ayudan a enfrentar adversidades actuales, sino que también preparan a los individuos para manejar futuros contratiempos de manera efectiva, fomentando así una resiliencia que perdure en el tiempo.

HERRAMIENTAS
PARA UNA RESILIENCIA DURADERA

Desarrollar una resiliencia duradera requiere herramientas y estrategias prácticas que los individuos pueden aplicar en su vida cotidiana a través de un conjunto de herramientas que ayuden a fortalecer la capacidad de una persona para manejar el estrés, adaptarse a los cambios y recuperarse de los fracasos.

Prácticas de *mindfulness* y atención plena

Estas técnicas ayudan a centrar la mente, reducir el estrés y aumentar la conciencia emocional. Por ejemplo, la meditación diaria, incluso por solo unos minutos, puede mejorar significativamente la claridad mental y la capacidad de manejar situaciones estresantes.

Estrategias de gestión del estrés

Aprender a manejar el estrés de manera efectiva es crucial para la resiliencia. Esto puede incluir técnicas de respiración, ejercicio regular, y establecer límites saludables en el trabajo y en las relaciones personales.

Fomento de una mentalidad positiva

Cultivar el optimismo y una actitud positiva puede cambiar significativamente cómo se perciben y enfrentan los desafíos. Las afirmaciones positivas, la gratitud y la visualización de resultados exitosos son maneras de desarrollar una mentalidad más positiva.

Desarrollo de habilidades de resolución de problemas

La capacidad de identificar soluciones efectivas a los problemas es una parte clave de la resiliencia. Esto se puede fomentar a través de la toma de decisiones consciente, la búsqueda de consejos y la evaluación crítica de las opciones.

Construcción de relaciones de apoyo

Mantener relaciones sólidas y de apoyo proporciona una red de seguridad emocional crucial. Participar en grupos comunitarios, mantener lazos familiares fuertes y cultivar amistades significativas son esenciales para la resiliencia emocional.

Veamos la importancia de reconocer y celebrar la resiliencia. Honrar las luchas y los logros personales en el camino hacia la resiliencia no solo sirve como un reconocimiento de los desafíos superados, sino también como una fuente de inspiración y motivación para continuar creciendo y enfrentando nuevas adversidades. Cada paso dado en el camino de la resiliencia, grande o pequeño, merece ser celebrado.

CELEBRANDO LA RESILIENCIA
HONRAR LA LUCHA

Celebrar la resiliencia es reconocer y valorar la fortaleza y la perseverancia mostradas en la superación de desafíos.

Hay historias inspiradoras de individuos que han demostrado una resiliencia extraordinaria. Por ejemplo, atletas que superaron lesiones graves para volver a competir, enfatizando la determinación y el arduo trabajo que requirió su recuperación. La celebración de su regreso al deporte no solo reconoce su logro personal, sino que también sirve de inspiración para otros que enfrentan desafíos similares.

Otro aspecto es la importancia de las ceremonias y los rituales en la celebración de la resiliencia. Estos pueden tomar la forma de eventos comunitarios, ceremonias de premiación o incluso prácticas personales como la escritura reflexiva o la meditación. Estos actos de celebración ayudan a consolidar los logros y fortalecer la identidad resiliente de una persona o grupo.

Además la celebración de la resiliencia contribuye a una cultura más fuerte y empática, donde las personas se sienten valoradas y comprendidas en sus esfuerzos y luchas. Reconocer y honrar la resiliencia en los demás también fomenta un sentido de comunidad y apoyo mutuo.

Tras reconocer y celebrar la resiliencia como un logro, puede ser adoptada no solo como una habilidad o un atributo, sino como una filosofía de vida. Vivir resilientemente implica más que superar obstáculos; es adoptar un enfoque de vida que abraza el cambio, valora el aprendizaje continuo y mantiene una actitud positiva frente a la adversidad. Al tratar la resiliencia como una filosofía de vida, se fomenta una aproximación proactiva y optimista a los desafíos, transformando la manera en que interactuamos con el mundo y enfrentamos el futuro.

LA RESILIENCIA COMO FILOSOFÍA DE VIDA

La resiliencia, más que una mera reacción a las dificultades, puede ser una filosofía de vida integral. Adoptar una actitud resiliente puede transformar nuestra manera de vivir, influenciando nuestras decisiones, actitudes y relaciones. Al integrar la resiliencia en el núcleo de nuestra filosofía de vida, nos preparamos no solo para superar los desafíos, sino también para prosperar en medio de ellos.

Este enfoque de vida implica ver cada experiencia, buena o mala, como una oportunidad para aprender y crecer. Por ejemplo, en lugar de ser abrumados por el fracaso, una perspectiva resiliente nos anima a buscar lecciones y oportunidades en cada contratiempo. Esto implica una apertura a nuevas experiencias, la disposición a adaptarse y cambiar, y la habilidad para mantener la esperanza y el optimismo incluso en circunstancias difíciles.

Vivir con una filosofía resiliente afecta nuestras relaciones interpersonales. Al adoptar un enfoque resiliente, podemos ser más comprensivos, flexibles y apoyarnos mutuamente en tiempos de necesidad. En el ámbito laboral, esta filosofía promueve un entorno donde se valora la innovación, la adaptabilidad y el aprendizaje continuo.

En resumen, la resiliencia como filosofía de vida es un compromiso con el crecimiento personal, la adaptabilidad y el optimismo, una elección consciente de cómo enfrentar la vida y sus desafíos. Este enfoque no solo nos capacita para manejar nuestras propias vidas, sino que también nos inspira a apoyar a otros en su camino hacia la resiliencia.

Exploremos cómo los desafíos y contratiempos específicos pueden proporcionar lecciones valiosas y oportunidades de crecimiento. Muchas personas han transformado situaciones difíciles en catalizadores para el cambio y la mejora personal, enfrentando y superando los desafíos de la vida.

Parte 2

LECCIONES DE LA ADVERSIDAD

José Luis Valle Galindo

ENFRENTANDO Y SUPERANDO ADVERSIDADES

En esta sección nos adentramos en un viaje a través de historias reales y profundamente conmovedoras de individuos que han enfrentado y superado adversidades significativas. Las experiencias difíciles pueden servir como valiosas lecciones de vida, proporcionando una plataforma para el crecimiento personal, la comprensión y la transformación.

Cada capítulo de esta sección se centra en un tipo diferente de adversidad, ya sea personal, profesional o comunitaria, y revela cómo las personas han utilizado estas experiencias para desarrollar una mayor fortaleza, compasión y sabiduría. Desde historias de superación de enfermedades graves y pérdidas personales hasta relatos de superación de obstáculos profesionales y fracasos empresariales, estos capítulos ofrecen una mirada inspiradora y reveladora a la resiliencia humana.

A través de estos relatos aprenderemos cómo la adversidad puede ser un maestro implacable pero efectivo, enseñando habilidades como la fortaleza, la perseverancia y la capacidad de adaptación. Estas historias no solo inspiran, sino que también proporcionan lecciones prácticas que se pueden aplicar en la vida diaria para manejar y superar los propios desafíos.

Al concluir la exploración de las lecciones personales extraídas de la adversidad, podemos examinar cómo ciertos fracasos han tenido un impacto monumental en la historia y la sociedad en general. Esta parte del libro se sumerge en relatos históricos y eventos globales donde lo que inicialmente parecía ser un fracaso devastador llevó a cambios significativos y a veces incluso a avances revolucionarios.

Exploraremos casos en los que los errores, los malentendidos y los fracasos no solo cambiaron el curso de la historia, sino que también proporcionaron una perspectiva valiosa y condujeron a innovaciones y reformas. Desde descubrimientos científicos accidentales hasta revoluciones políticas desencadenadas por fracasos de liderazgo, esta parte del libro ilustra cómo los fracasos, vistos en retrospectiva, pueden ser los precursores de la transformación y el progreso.

GIROS DEL DESTINO
FRACASOS QUE CAMBIARON EL MUNDO

Ciertos fracasos han tenido un impacto significativo y duradero en la historia humana. Eventos históricos y desarrollos cruciales donde lo que inicialmente se percibió como un fracaso tuvieron consecuencias inesperadas, alterando el curso de la historia y, en algunos casos, cambiando el mundo tal como lo conocemos.

Una variedad de fracasos históricos, desde errores militares que alteraron el resultado de guerras hasta decisiones políticas que desencadenaron movimientos y revoluciones significativas revelan que los fracasos, aunque a menudo vistos negativamente en su momento, pueden ser los catalizadores de cambios profundos y positivos.

Eventos o períodos históricos específicos proporcionan una perspectiva única sobre cómo los errores y fracasos han sido fundamentales para el desarrollo humano. A través de estas historias tendremos una comprensión más profunda de cómo los giros inesperados del

destino pueden tener efectos duraderos y transforma-
dores.

Nos adentraremos en uno de los ejemplos más antiguos y emblemáticos de cómo un fracaso estratégico
cambió el destino de una civilización entera. La caída
de Troya, un evento envuelto en mito y realidad, ilustra
cómo un engaño y un error de juicio condujeron a la
destrucción de una ciudad. Este capítulo no solo re-
construye los eventos que llevaron a la caída de Troya,
sino que también explora cómo este episodio ha influido en la literatura, el arte y la cultura a lo largo de
los siglos.

LA CAÍDA DE TROYA
MALENTENDIDOS QUE ALTERAN LA HISTORIA

El episodio de la caída de Troya es uno de los relatos más fascinantes y significativos de la antigüedad, un ejemplo perfecto de cómo un malentendido y un engaño pueden tener consecuencias dramáticas.

La historia de Troya, envuelta en mitos y hechos históricos, es un relato de cómo la confianza excesiva y la falta de precaución pueden conducir a la ruina. Los troyanos, después de años de un asedio infructuoso por parte de los griegos, se encontraron frente a las puertas de su ciudad con un enorme caballo de madera. Considerándolo un regalo de rendición, decidieron ignorar las advertencias de personajes como Casandra y Laocoonte, quienes presagiaban el peligro.

El liderazgo troyano, influenciado por el orgullo y la visión de una aparente victoria, tomó la fatídica decisión de llevar el caballo dentro de las murallas de la ciudad. Esta acción simbolizó no solo una falla en la vigilancia y la precaución, sino también una subestimación fatal de sus enemigos. Durante la noche, los guerreros griegos escondidos dentro del caballo salieron y abrieron las puertas de la ciudad, lo que llevó a la destrucción de Troya.

Esta historia ha sido interpretada y re imaginada a lo largo de los siglos en numerosas obras literarias y artísticas. Se ha convertido en un símbolo de engaño, traición y las consecuencias trágicas de la arrogancia. En la literatura, desde la *Eneida* de Virgilio hasta obras modernas, la caída de Troya se ha utilizado como una lección sobre la importancia de la precaución, la humildad y la necesidad de prestar atención a las advertencias y señales de peligro.

De la antigua Troya, nos trasladamos a un ejemplo moderno de fallo catastrófico con el hundimiento del Titanic. Este evento marcó un punto de inflexión en la historia marítima y es un claro ejemplo de cómo la arrogancia tecnológica y la ignorancia de las normas de seguridad pueden llevar a una tragedia. El Titanic, aclamado como el barco más grande y lujoso de su tiempo, se hundió en su viaje inaugural, llevando consigo vidas y sueños. Este capítulo desglosa las decisiones y circunstancias que rodearon el desastre, ofreciendo una mirada crítica a las lecciones aprendidas sobre la seguridad, la innovación responsable y la humildad ante los límites de la tecnología y la naturaleza.

EL HUNDIMIENTO DEL TITANIC
LA ARROGANCIA Y SUS CONSECUENCIAS

El Titanic, proclamado como "insumergible", partió en su viaje inaugural el 10 de abril de 1912, lleno de pasajeros que confiaban en la avanzada tecnología y el diseño del barco. La tragedia comenzó en la noche del 14 de abril, cuando el Titanic, navegando a una velocidad considerada excesiva para las condiciones de hielo reportadas, chocó contra un iceberg. Este impacto provocó el hundimiento del barco en menos de tres horas, llevándose consigo la vida de más de 1,500 personas.

Una de las fallas críticas fue la subestimación de los riesgos por parte de la tripulación y los operadores del Titanic. A pesar de recibir advertencias sobre la presencia de hielo en su ruta, el barco continuó a alta velocidad, confiando en su robustez y en los compartimentos estancos diseñados para mantenerlo a flote incluso tras sufrir daños. Sin embargo, el impacto con el iceberg dañó varios de estos compartimentos, lo que resultó en la fatídica inundación del barco.

Otro error grave fue la insuficiente cantidad de botes salvavidas. A pesar de tener capacidad para más de 3,500 pasajeros y tripulación, el Titanic solo estaba equipado con botes salvavidas para alrededor de 1,178 personas. Esta decisión, tomada en parte para maximizar el espacio en la cubierta, reflejó una complacencia peligrosa y una fe ciega en la tecnología.

Las consecuencias del hundimiento del Titanic fueron profundas. Este desastre llevó a la implementación de nuevas regulaciones de seguridad, como la Convención Internacional para la Seguridad de la Vida Humana en el Mar (SOLAS), que estableció normas obligatorias para los botes salvavidas, las patrullas de hielo y la comunicación inalámbrica.

La Crisis de los Misiles en Cuba en 1962, fue un evento que estuvo a punto de escalar a un conflicto nuclear global. Veremos cómo la tensión entre Estados Unidos y la Unión Soviética durante la Guerra Fría casi conduce a una catástrofe de proporciones inimaginables. Decisiones políticas, errores de juicio y maniobras diplomáticas que caracterizaron este tenso período, destacan la importancia crítica de la comunicación y la negociación en la prevención de conflictos a gran escala.

LA CRISIS DE LOS MISILES EN CUBA
CUANDO EL ERROR ES CASI GLOBAL

Octubre de 1962 marcó uno de los momentos más críticos de la Guerra Fría: la Crisis de los Misiles en Cuba. La escalada comenzó con el descubrimiento de Estados Unidos de que la Unión Soviética había instalado misiles nucleares en Cuba. Esta acción fue percibida como una amenaza inmediata a la seguridad nacional estadounidense, llevando al presidente Kennedy a establecer un bloqueo naval.

Durante trece días, el mundo contuvo la respiración, al borde de una guerra nuclear. La tensión se intensificó con las negociaciones entre la Casa Blanca y el Kremlin, exponiendo la desconfianza y los malentendidos entre las dos superpotencias. La resolución llegó cuando la Unión Soviética accedió a retirar sus misiles a cambio de la promesa de EE. UU. de no invadir Cuba y el retiro secreto de misiles estadounidenses en Turquía.

La crisis demostró la fragilidad de la paz y la importancia vital de la diplomacia y la comunicación en la prevención de conflictos. Este evento sirvió como un recordatorio crucial de los peligros inherentes a la escalada nuclear y la necesidad de mantener canales de comunicación claros y efectivos entre las naciones.

El desastre de Chernóbil en 1986, una catástrofe que redefinió la percepción global de la seguridad nuclear y el peor en la historia de la energía nuclear, no solo causó daños ambientales y humanos sin precedentes, sino que también desencadenó un cambio fundamental en las políticas de seguridad nuclear y la conciencia ambiental en todo el mundo. Este capítulo se sumerge en las causas del desastre, sus devastadoras consecuencias y el legado duradero que dejó en la política de seguridad y la gestión ambiental.

CHERNÓBIL: DESASTRE NUCLEAR Y SU IMPACTO EN LA SEGURIDAD

El 26 de abril de 1986, la explosión en la planta nuclear de Chernóbil se convirtió en el peor desastre nuclear de la historia. La catástrofe comenzó durante una prueba de seguridad fallida en el reactor 4 de la planta, ubicada en Ucrania. La explosión resultante liberó una nube de radiación que se esparció por gran parte de Europa Oriental, exponiendo a millones de personas a niveles peligrosos de radiactividad.

El impacto inmediato de Chernóbil fue devastador: decenas de muertes directas, cientos de miles de personas desplazadas y un daño ambiental masivo que perdura hasta hoy. La respuesta al desastre fue obstaculizada por la falta de información y el secretismo inicial de las autoridades soviéticas, lo que exacerbó la crisis y demoró las labores de contención y evacuación.

Más allá de las consecuencias inmediatas, Chernóbil tuvo un profundo impacto en la política de seguridad nuclear global. El desastre condujo a una revisión exhaustiva de las prácticas de seguridad nuclear y a un incremento en los estándares internacionales. Se implementaron regulaciones más estrictas y se inició un diálogo internacional sobre la seguridad nuclear, reconociendo que los riesgos nucleares no conocen fronteras.

En el Crac del 29, vemos cómo el colapso del mercado de valores en 1929 desencadenó una crisis económica global, afectando no solo a las finanzas y la industria, sino también transformando profundamente a las sociedades a nivel mundial. Exploraremos las causas del colapso, incluyendo la especulación desenfrenada y la falta de regulación, y cómo sus repercusiones dieron forma a políticas económicas, generaron cambios en la gobernanza y alteraron la vida social y cultural de millones.

EL CRAC DEL 29
UNA ECONOMÍA QUEBRADA, UNA SOCIEDAD TRANSFORMADA

El Crac del 29, conocido también como la Gran Depresión, fue más que un colapso económico; representó un punto de inflexión en la historia moderna. Iniciando con la caída del mercado de valores en octubre de 1929, este evento desencadenó una profunda crisis económica que se extendió por todo el mundo, afectando a millones de personas.

La rápida caída del mercado fue el resultado de una especulación desenfrenada y de un sistema financiero enormemente desregulado. Las consecuencias fueron devastadoras: bancos quebrados, empresas cerradas, altas tasas de desempleo y millones de personas sumidas en la pobreza. El Crac del 29 no solo afectó a los inversores, sino que también golpeó duramente a la clase trabajadora y a los agricultores, provocando una ola de miseria y desesperación.

Este periodo desató cambios significativos en la política económica y social. En Estados Unidos, por ejemplo, llevó a la implementación del New Deal por parte del presidente Franklin D. Roosevelt, un conjunto de programas, reformas y regulaciones destinadas a revitalizar la economía y prevenir futuras crisis. Estas políticas transformaron la relación entre el gobierno y la economía y sentaron las bases para el moderno estado de bienestar.

La Gran Depresión reconfiguró la economía y la sociedad del siglo XX, pero otro tipo de desastre, el del transbordador espacial *Challenger* en 1986, tuvo un impacto profundo en el campo de la exploración espacial y la ingeniería aeroespacial. El trágico accidente del *Challenger*, que cobró la vida de siete astronautas, incluyendo a la maestra Christa McAuliffe, llevó a una reevaluación fundamental de las operaciones y políticas de la NASA.

El análisis del desastre reveló fallos en los protocolos de seguridad y en la cultura organizacional de la NASA, poniendo de manifiesto la necesidad de reformas significativas. Investigaciones posteriores al accidente y las lecciones aprendidas, llevaron a cambios importantes en la gestión de riesgos y en los procesos de toma de decisiones dentro de la agencia espacial. La tragedia del *Challenger* no solo fue un momento de duelo nacional, sino también un catalizador para el cambio, impulsando avances en la seguridad y la fiabilidad de los vuelos espaciales.

EL DESASTRE DEL CHALLENGER
TRAGEDIA QUE REFORMÓ A LA NASA

El 28 de enero de 1986, el mundo observó conmocionado cómo el transbordador espacial *Challenger* explotaba apenas 73 segundos después de su despegue, llevando a la muerte a los siete miembros de su tripulación. Este trágico evento marcó un punto de inflexión para la NASA y la exploración espacial, destacando las severas consecuencias de las fallas en la seguridad y la gestión de riesgos.

La investigación posterior reveló que la causa del desastre fue la falla de un anillo de sellado en uno de los cohetes impulsores del *Challenger*, agravada por las bajas temperaturas del día del lanzamiento. Este detalle técnico, sin embargo, se convirtió en un símbolo de las deficiencias más profundas en la cultura de seguridad de la NASA, donde las presiones de cronograma y las consideraciones políticas habían eclipsado las preocupaciones de seguridad.

La Comisión Rogers, encargada de investigar el accidente, destacó la necesidad de cambios significativos en la gestión y la cultura organizativa de la NASA. Como resultado, la agencia espacial implementó un exhaustivo proceso de revisión y mejora de sus protocolos de seguridad, sus procedimientos de toma de decisiones y su cultura organizativa, con el objetivo de priorizar la seguridad sobre todos los demás factores.

El desastre del *Challenger* no solo transformó la NASA, sino que también cambió la percepción pública de la exploración espacial, recordando al mundo los riesgos inherentes a estos emprendimientos y la importancia crítica de la seguridad en todas las etapas del proceso.

De las alturas del espacio y los desafíos de la exploración espacial, el siguiente segmento nos lleva de vuelta a la Tierra, a los campos de batalla de Vietnam. Veremos cómo la Guerra de Vietnam, un conflicto prolongado y devastador, se convirtió en una dolorosa lección de humildad para los Estados Unidos. Este capítulo examina las decisiones políticas y militares que llevaron al involucramiento de Estados Unidos en Vietnam, el impacto del conflicto en la sociedad americana y vietnamita, y las lecciones que la superpotencia aprendió sobre la intervención militar, la política exterior y la percepción pública de la guerra. La Guerra de Vietnam no solo cambió el curso de la historia americana y vietnamita, sino que también redefinió la manera en que las superpotencias abordan los conflictos internacionales.

LA GUERRA DE VIETNAM
UNA LECCIÓN DE HUMILDAD PARA UNA SUPERPOTENCIA

La Guerra de Vietnam, que se extendió desde la década de 1950 hasta 1975, representó una de las experiencias más traumáticas y divisivas en la historia de los Estados Unidos. Este conflicto no solo fue una guerra contra el comunismo en el sudeste asiático, sino también un catalizador de profundos cambios sociales y políticos en suelo americano.

La participación estadounidense en Vietnam comenzó con el objetivo de contener la expansión del comunismo, pero pronto se convirtió en un conflicto prolongado y costoso. Las tácticas de guerra de guerrillas empleadas por el Viet Cong y las difíciles condiciones en Vietnam pusieron a prueba el poderío militar de Estados Unidos. A pesar de la superioridad tecnológica y militar, las fuerzas estadounidenses se enfrentaron a un enemigo implacable y a un terreno complicado, lo que llevó a un estancamiento y a un elevado número de bajas.

En el frente interno, la guerra provocó una división profunda en la sociedad estadounidense. Las crecientes bajas, las imágenes impactantes transmitidas por televisión y la percepción de falta de progreso llevaron a protestas masivas y a un movimiento de oposición a la guerra. El conflicto también generó un debate sobre la ética de la intervención militar y las políticas de reclutamiento.

La eventual retirada de Vietnam fue vista como un momento de reflexión y aprendizaje para Estados Unidos, demostrando los límites de su poder militar y la complejidad de las intervenciones en conflictos extranjeros. La guerra dejó un legado de humildad y cautela en la política exterior estadounidense y se convirtió en un punto de referencia crucial en el análisis de futuros conflictos militares.

De las lecciones aprendidas en los campos de batalla de Vietnam, nos trasladamos a un tipo diferente de conflicto: el Brexit. Este texto aborda cómo la decisión del Reino Unido de abandonar la Unión Europea, tomada en el referéndum de 2016, ha tenido consecuencias de largo alcance, tanto para el Reino Unido como para Europa. El Brexit no solo representa un cambio significativo en la política y la economía, sino que también refleja y ha intensificado las divisiones dentro de la sociedad británica.

EL BREXIT: UNA DECISIÓN DIVISIVA CON EFECTOS PROLONGADOS

El Brexit, la decisión del Reino Unido de dejar la Unión Europea (UE), marcó un punto de inflexión histórico tanto para el Reino Unido como para Europa. Los eventos que llevaron al referéndum de 2016 y las complejas negociaciones que siguieron, destacan las divisiones políticas y sociales que reveló y exacerbó.

La campaña previa al referéndum estuvo cargada de debates sobre la soberanía nacional, la inmigración, y las regulaciones económicas. La votación a favor de la salida de la UE, con un estrecho margen del 52% a favor del Brexit, reveló profundas divisiones dentro del Reino Unido, no solo entre los que querían permanecer y los que querían salir, sino también entre diferentes regiones, clases sociales y generaciones.

Las negociaciones del Brexit fueron largas y complejas, enfrentando al Reino Unido con desafíos sin precedentes en política comercial, derechos de los ciudadanos y la cuestión de la frontera irlandesa. La incertidumbre y las tensiones que acompañaron a este proceso tuvieron un impacto económico significativo, generando volatilidad en los mercados y preocupaciones entre empresas y ciudadanos.

Desde su impacto en la política interna del Reino Unido y las futuras relaciones con la UE hasta las implicaciones más amplias para el comercio global y la cooperación internacional, el Brexit se presenta como un ejemplo claro de cómo una decisión política puede tener ramificaciones duraderas y de gran alcance.

La pandemia del COVID-19, crisis sanitaria que comenzó a finales de 2019 y se extendió por todo el mundo, ha sido no solo un desafío médico y sanitario, sino también una prueba para los sistemas políticos, económicos y sociales globales. La pandemia expuso las debilidades críticas en la preparación y respuesta a emergencias sanitarias a nivel mundial, las variadas respuestas de los gobiernos y las lecciones que se deben aprender para futuras crisis de salud pública. Desde los esfuerzos de contención y las campañas de vacunación hasta el impacto económico y social, la pandemia del COVID-19 fue un punto de inflexión que ha cambiado la forma en que el mundo ve la salud pública y la interconexión global.

La pandemia del Covid-19
Fracaso global y lecciones para el futuro

La pandemia del Covid-19, iniciada a finales de 2019, se convirtió rápidamente en una crisis global sin precedentes en el siglo XXI. Esta emergencia sanitaria expuso las debilidades en la preparación y respuesta de los sistemas de salud pública en todo el mundo, así como las implicaciones políticas, económicas y sociales derivadas de la pandemia.

La propagación del virus tomó a la mayoría de los gobiernos por sorpresa, revelando una falta de preparación para una pandemia de esta magnitud. Las respuestas iniciales variaron enormemente, con algunos países implementando rápidamente medidas de confinamiento y otros demorando su respuesta, lo que resultó en una propagación más rápida del virus.

La pandemia también expuso desigualdades profundas dentro de y entre los países. Los sistemas de salud sobrecargados, la desigualdad en el acceso a la atención médica, y el impacto económico desproporcionado sobre las comunidades más vulnerables son algunos de los aspectos más críticos. Además, la crisis aceleró la adopción de tecnologías digitales y cambió la forma en que las personas trabajan y se comunican, introduciendo nuevos modelos como el teletrabajo.

Es importante subrayar las lecciones aprendidas de la pandemia, incluyendo la necesidad de una mayor cooperación internacional en cuestiones de salud pública, la importancia de los sistemas de salud robustos y accesibles, y la urgencia de abordar las desigualdades sociales y económicas. La pandemia del Covid-19 se destaca como un llamado a la acción para prepararse mejor para futuras crisis globales.

De una crisis sanitaria global a una crisis ambiental de proporciones aún mayores, el cambio climático representa uno de los desafíos más apremiantes de nuestra época, con efectos que ya se están sintiendo y que tendrán un impacto profundo en el futuro del planeta. La acumulación de gases de efecto invernadero, impulsada por actividades humanas como la quema de combustibles fósiles y la deforestación, ha llevado a un calentamiento global alarmante, afectando patrones climáticos, ecosistemas y comunidades en todo el mundo. Las respuestas y los fracasos en la lucha contra el cambio climático, muestran la urgencia de acciones concertadas y sostenibles para mitigar sus efectos y adaptarse a un futuro incierto.

CRISIS CLIMÁTICA
FRACASOS AMBIENTALES QUE ESTÁN REDEFINIENDO EL FUTURO

La crisis climática, impulsada por la acumulación de gases de efecto invernadero, está causando un calentamiento global con efectos devastadores en todo el planeta. Fenómenos extremos como olas de calor, incendios forestales, inundaciones y huracanes intensos se están volviendo más frecuentes y severos, impactando tanto en el medio ambiente natural como en las sociedades humanas.

Los patrones climáticos alterados amenazan la seguridad alimentaria, desplazan poblaciones y agudizan conflictos por recursos naturales. Sin embargo, la respuesta global a esta crisis ha sido lenta y, en muchos casos, insuficiente. Las economías siguen dependiendo en gran medida de los combustibles fósiles, y las políticas ambientales han sido a menudo inadecuadas para abordar la magnitud del problema.

A pesar de estos fracasos, surgen esfuerzos innovadores y soluciones creativas. Desde la transición hacia energías renovables hasta iniciativas de conservación y sostenibilidad, se están explorando nuevas formas de mitigar los efectos de la crisis climática y adaptarse a esta nueva realidad.

La crisis climática desafía a las sociedades a repensar su relación con el medio ambiente y ofrece una oportunidad para remodelar nuestro futuro hacia un modelo más sostenible y equitativo. La crisis climática no es solo un desafío, sino también un estímulo para la innovación, la cooperación y un cambio fundamental en nuestras formas de vida.

Pasando del desafío global de la crisis climática, la siguiente parte se adentra en historias donde errores y fracasos han sido catalizadores de avances significativos. A través de relatos en ciencia, tecnología y otros campos examinaremos cómo los contratiempos han llevado a soluciones creativas y descubrimientos. Estos casos ilustran la capacidad humana para convertir errores en lecciones valiosas, resaltando la importancia de una mentalidad que ve el valor en cada experiencia, incluso en aquellas que inicialmente parecen ser fracasos.

DE LAS SOMBRAS A LA LUZ
INNOVACIÓN DESPUÉS DEL ERROR

Errores aparentes y fracasos han sido a menudo los precursores de innovaciones revolucionarias y descubrimientos significativos. A lo largo de esta sección, presentamos casos en diversos campos, desde la medicina hasta la tecnología y la ciencia, donde los errores no fueron el final del camino, sino el comienzo de un nuevo entendimiento y avance.

Las historias que se narran en esta parte del libro revelan una verdad fundamental: el error es una parte intrínseca del proceso de descubrimiento y la innovación. Al explorar estas historias, se descubre cómo científicos, investigadores y pioneros, al enfrentarse a resultados inesperados o fracasos, no se detuvieron, sino que los utilizaron como una oportunidad para explorar nuevas ideas y posibilidades.

Esta área del libro subraya la importancia de mantener una mentalidad abierta y flexible, capaz de ver más allá del fracaso y reconocer el potencial oculto en los errores. El replanteamiento y la reevaluación de los fracasos han conducido a algunos de los avances más significativos de la humanidad.

Iniciaremos con uno de los ejemplos más emblemáticos de innovación nacida del error: el descubrimiento de la penicilina por Alexander Fleming. Un descuido en el laboratorio, que en cualquier otra circunstancia podría haber sido considerado un fracaso menor, llevó al descubrimiento del primer antibiótico del mundo.

Fleming, al volver a su laboratorio después de unas vacaciones en 1928, encontró que un molde había contaminado una de sus placas de Petri. En lugar de descartar el experimento como contaminado, observó que el molde había matado las bacterias circundantes. Esta observación accidental condujo a la identificación de la penicilina, un compuesto que revolucionaría la medicina y salvaría innumerables vidas.

El relato de Fleming y su descubrimiento fortuito de la penicilina es un testimonio del poder de la observación, la curiosidad y la capacidad de ver oportunidades donde otros podrían ver solo fracasos. Este capítulo no solo explora la historia del descubrimiento de la penicilina, sino también su impacto masivo en el tratamiento de infecciones y en la medicina moderna.

Penicilina
Un descubrimiento por descuido que salvó millones de vidas

En 1928, un hecho fortuito en el laboratorio de Alexander Fleming en el Hospital St. Mary de Londres cambió el curso de la medicina moderna. Fleming, al regresar de unas vacaciones, notó que un cultivo de *Staphylococcus* había sido contaminado por esporas de moho. Curiosamente, alrededor de este moho, las bacterias parecían haberse disuelto.

Este descubrimiento casual llevó a Fleming a investigar más a fondo. Identificó que el moho pertenecía a la especie *Penicillium notatum* y que secretaba una sustancia capaz de matar una amplia gama de bacterias. Esta sustancia fue nombrada "penicilina". Aunque Fleming publicó sus hallazgos, en ese momento no pudo purificar y concentrar el compuesto, limitando su aplicación práctica.

No fue hasta la década de 1940, con el trabajo de Howard Florey y Ernst Boris Chain, que la penicilina fue producida en masa y utilizada eficazmente para tratar infecciones bacterianas, especialmente durante la Segunda Guerra Mundial. Este antibiótico se convirtió en un salvavidas para millones, transformando el tratamiento de infecciones y enfermedades antes consideradas mortales.

El descubrimiento de la penicilina es un claro ejemplo de cómo un "error" puede llevar a un avance revolucionario. La capacidad de Fleming para reconocer y explorar un fenómeno inesperado demostró la importancia de la observación aguda y la mente abierta en la ciencia.

De la revolución en la medicina con la penicilina, pasamos a un descubrimiento igualmente revolucionario en el mundo de los productos de oficina: los *Post-it Notes*. Un intento fallido de desarrollar un adhesivo fuerte en 3M llevó a la creación de una de las herramientas de oficina más populares y ubicuas. Este caso ilustra cómo un producto inicialmente considerado un fracaso encontró su propósito y éxito en una aplicación completamente inesperada, resaltando la importancia de la flexibilidad, la reinvención y la visión en el desarrollo de productos.

POST-IT NOTES
UN ADHESIVO FRACASADO
QUE ENCONTRÓ SU MERCADO

La historia de los *Post-it Notes* es un ejemplo clásico de cómo un producto "fallido" puede transformarse en un éxito comercial. En 1968, Spencer Silver, un científico de 3M, estaba trabajando en el desarrollo de un adhesivo súper fuerte. En su lugar, creó accidentalmente un adhesivo que se pegaba ligeramente pero se desprendía fácilmente sin dejar residuos.

Inicialmente, este adhesivo débil parecía un fracaso. No fue hasta 1974, cuando un colega de Silver, Art Fry, ideó una manera práctica de usarlo. Fry, frustrado por los marcadores que continuamente se caían de su libro de himnos, recordó el adhesivo de Silver y lo utilizó para crear marcadores reposicionables. Estos marcadores fueron el precursor de los *Post-it Notes*.

Tras varios años de desarrollo y pruebas de mercado, los *Post-it Notes* se lanzaron comercialmente en 1980. Se convirtieron rápidamente en un éxito, revolucionando la forma en que las personas organizan sus tareas y comunican en el ambiente de trabajo y en casa. La historia de los *Post-it Notes* demuestra cómo la perseverancia, la creatividad y la capacidad de ver el potencial en un "error" pueden dar lugar a productos innovadores y altamente exitosos.

De la innovación accidental en el ámbito de la oficina, nos trasladamos a un descubrimiento inesperado en el mundo de la medicina con el Viagra. Originalmente investigado como un tratamiento para problemas cardíacos, este medicamento tuvo un efecto secundario sorprendente que abrió un nuevo campo en el tratamiento de la disfunción eréctil. Este descubrimiento no solo llevó a uno de los medicamentos más vendidos del mundo, sino que también cambió la conversación y la comprensión sobre la salud sexual. Este caso ilustra la importancia de observar y comprender los "efectos secundarios" en la investigación médica, revelando cómo los resultados inesperados pueden conducir a innovaciones significativas en el tratamiento y el bienestar.

VIAGRA
DE TRATAMIENTO CARDÍACO
A REVOLUCIÓN EN LA SALUD SEXUAL

El Viagra, conocido científicamente como sildenafil, comenzó su trayectoria como un tratamiento potencial para la angina de pecho, una condición cardíaca que causa dolor en el pecho debido a la reducción del flujo sanguíneo al corazón. Durante los ensayos clínicos en la década de 1990, los investigadores de Pfizer notaron un efecto secundario inesperado y consistente en los participantes masculinos: mejoras significativas en la función eréctil.

Ante este hallazgo, Pfizer decidió reorientar la investigación del sildenafil hacia el tratamiento de la disfunción eréctil. En 1998, Viagra fue aprobado por la FDA y lanzado al mercado, convirtiéndose rápidamente en un éxito de ventas y cultural. Su efectividad transformó el tratamiento de la disfunción eréctil, un problema que hasta entonces había sido poco discutido y comúnmente tratado con métodos poco efectivos.

El impacto del Viagra extendió su alcance más allá de la medicina, afectando la cultura y las conversaciones sobre salud sexual. Contribuyó a des estigmatizar la disfunción eréctil, fomentando una mayor apertura y diálogo sobre temas de salud sexual masculina. Este caso destaca cómo la observación atenta y la reevaluación de los resultados de la investigación pueden abrir nuevos y valiosos caminos terapéuticos.

Del mundo de la farmacología y su impacto en la salud sexual, el siguiente apartado se sumerge en la historia de una de las marcas más reconocidas del mundo: Coca-Cola. Originalmente concebida como una medicina en el siglo XIX, Coca-Cola evolucionó de ser una solución patentada para dolencias comunes a convertirse en la bebida gaseosa más famosa del mundo. Esta bebida, creada por el farmacéutico John Pemberton como un tónico para el cerebro y los nervios, pasó de ser vendida en farmacias a dominar el mercado global de bebidas. Este cambio no solo refleja una notable transformación en la percepción y el marketing del producto, sino también la capacidad de adaptarse y prosperar en un mercado en constante cambio.

COCA-COLA
DE MEDICAMENTO
A REFRESCO LÍDER MUNDIAL

La historia de Coca-Cola es un fascinante viaje de transformación. En 1886, el farmacéutico John S. Pemberton creó una bebida que originalmente estaba destinada a ser un remedio para diversas dolencias. Combinando hojas de coca y nueces de cola, Pemberton vendió inicialmente su invento en farmacias de Atlanta como una cura para problemas como la indigestión y el dolor de cabeza.

Sin embargo, lo que comenzó como un medicamento pronto se convirtió en una bebida popular. Con el tiempo, la Coca-Cola evolucionó, adaptando su fórmula y estrategia de marketing. A medida que la bebida se comercializaba más como un refresco, su popularidad creció exponencialmente. La eliminación de la cocaína de su receta a principios del siglo XX y el enfoque en su identidad como bebida refrescante ayudaron a cimentar su posición en la cultura popular y en el mercado global.

Hoy, Coca-Cola no es solo una bebida, sino un icono cultural, representativo del estilo de vida y la cultura estadounidense. La historia de un tónico medicinal que se convirtió en una de las bebidas más populares del mundo nos muestra cómo la adaptabilidad y la innovación en marketing pueden transformar radicalmente la percepción y el éxito de un producto.

Después de explorar la evolución de Coca-Cola, nos adentramos en otro descubrimiento transformador, esta vez en el campo de la medicina: los rayos X. Descubiertos accidentalmente por Wilhelm Conrad Röntgen en 1895, los rayos X revolucionaron el diagnóstico y el tratamiento médico.

Este descubrimiento accidental abrió un nuevo mundo en el diagnóstico médico, permitiendo a los médicos ver dentro del cuerpo humano sin cirugía invasiva. Los rayos X transformaron rápidamente la práctica médica, mejorando el diagnóstico de diversas condiciones y enfermedades. Este descubrimiento no solo fue un hito en la medicina, sino también un ejemplo de cómo la curiosidad y la exploración científica pueden llevar a avances significativos, incluso de maneras inesperadas.

Rayos X
Un accidente que iluminó la medicina moderna

En 1895, Wilhelm Conrad Röntgen, trabajando en su laboratorio, observó un fenómeno que cambiaría el curso de la medicina moderna. Mientras experimentaba con tubos de rayos catódicos, descubrió una forma de radiación desconocida que era capaz de atravesar objetos sólidos y proyectar imágenes de estructuras internas, como los huesos humanos, sobre una placa fotográfica. Röntgen denominó a este descubrimiento "rayos X" debido a su naturaleza desconocida.

La relevancia de los rayos X se hizo evidente casi de inmediato. Por primera vez, los médicos tenían la capacidad de ver dentro del cuerpo humano sin necesidad de cirugía. Esta tecnología revolucionó el diagnóstico y tratamiento de innumerables condiciones médicas, desde fracturas óseas hasta la identificación de tumores internos.

Los rayos X abrieron un campo completamente nuevo en el diagnóstico médico y en el tratamiento, proporcionando una herramienta no invasiva para explorar el interior del cuerpo humano. Este descubrimiento accidental no solo demostró la importancia de la observación y la experimentación en la ciencia, sino también cómo un hallazgo inesperado puede tener aplicaciones de gran alcance y transformadoras.

La historia de los rayos X destaca cómo los descubrimientos científicos pueden tener aplicaciones prácticas inesperadas. De manera similar, la evolución del horno microondas, un invento que se originó en la tecnología de radar militar y se convirtió en un electrodoméstico esencial en hogares de todo el mundo. Percy Spencer, notó que las microondas podían calentar alimentos. Este descubrimiento fortuito llevó al desarrollo del horno microondas, una innovación que cambió la forma en que cocinamos y preparamos los alimentos. Una tecnología diseñada originalmente para un propósito completamente diferente encontró un lugar destacado en la vida cotidiana, ilustrando la naturaleza impredecible y a menudo sorprendente del progreso tecnológico.

MICROONDAS
DE RADAR MILITAR A INDISPENSABLE EN LA COCINA

El desarrollo del horno microondas es un ejemplo clásico de cómo una tecnología militar encontró un uso revolucionario en la vida cotidiana. La historia comienza con Percy Spencer, un ingeniero trabajando en la tecnología de radar para la compañía Raytheon durante la Segunda Guerra Mundial. Mientras probaba un magnetrón, un dispositivo generador de ondas de radio de alta frecuencia, Spencer notó que una barra de chocolate en su bolsillo se había derretido.

Intrigado por este fenómeno, Spencer realizó más experimentos y descubrió que las microondas emitidas por el magnetrón podían cocinar alimentos rápidamente. Este descubrimiento llevó al desarrollo del horno microondas, un aparato que inicialmente era grande y costoso, pero con el tiempo se hizo más compacto y asequible para el uso doméstico.

El horno microondas transformó completamente las prácticas de cocina, permitiendo calentar y cocinar alimentos de manera rápida y eficiente. Esta innovación no solo cambió la forma en que las personas preparan sus comidas, sino que también alteró la industria de alimentos, con productos diseñados específicamente para ser cocinados en microondas.

La evolución del microondas demuestra cómo las aplicaciones prácticas de una tecnología pueden extenderse mucho más allá de su propósito original. De manera similar, otro descubrimiento accidental tuvo un gran impacto en la cocina moderna: el Teflón. Descubierto en 1938 por Roy Plunkett mientras trabajaba para DuPont, el Teflón fue inicialmente utilizado en aplicaciones industriales y militares. Sin embargo, su capacidad para resistir el calor y evitar que los alimentos se adhieran a las superficies de cocción lo convirtió en un componente ideal para utensilios de cocina antiadherentes. Desde su introducción en el mercado doméstico, el Teflón ha sido una parte esencial de las cocinas en todo el mundo.

TEFLÓN
UN HALLAZGO ACCIDENTAL
QUE CAMBIÓ LA COCINA

El Teflón, descubierto por Roy Plunkett en 1938 mientras trabajaba en DuPont, es un ejemplo perfecto de cómo un hallazgo fortuito puede tener un impacto duradero en la vida cotidiana. Originalmente, el Teflón fue desarrollado para usos industriales y militares, gracias a su resistencia al calor y a su naturaleza no reactiva. Sin embargo, su potencial en la cocina pronto se hizo evidente.

En la década de 1960, los utensilios de cocina revestidos con Teflón comenzaron a popularizarse. Su superficie antiadherente transformó la experiencia de cocinar, permitiendo que los alimentos se cocinaran y se limpiaran con mucha más facilidad. El Teflón redujo la necesidad de aceites y grasas para cocinar, lo que contribuyó a una cocina más saludable y a una limpieza más sencilla.

Este material no solo cambió la forma en que cocinamos, sino que también alteró la industria de utensilios de cocina. A pesar de los debates sobre su seguridad y el cuidado necesario para su uso, el Teflón ha mantenido su popularidad, demostrando cómo una innovación puede adaptarse y permanecer relevante a lo largo de los años.

Al igual que el Teflón, el Velcro es otro invento que encontró un uso extenso y práctico, aunque su origen fue bastante diferente. George de Mestral quien, después de un paseo por el campo, se sintió frustrado al encontrar su ropa y la de su perro cubiertas de espinas de bardana. Al examinarlas bajo un microscopio, de Mestral descubrió cómo sus pequeños ganchos se adherían a la tela y al pelo. Inspirado por este mecanismo natural, de Mestral inventó un sistema de cierre de gancho y bucle. Después de años de desarrollo y perfeccionamiento, se convirtió en un método de sujeción revolucionario.

VELCRO
INSPIRACIÓN EN LA NATURALEZA
TRAS UN PASEO FRUSTRANTE

El Velcro, un invento que se ha vuelto omnipresente en la vida cotidiana, nació de la curiosidad y la frustración. En la década de 1940, el ingeniero suizo George de Mestral se encontró con un problema común pero molesto: espinas de bardana adheridas a su ropa y al pelaje de su perro después de un paseo por el campo. Intrigado, de Mestral examinó las espinas bajo un microscopio y descubrió que estaban cubiertas de pequeños ganchos, perfectos para adherirse a la tela y al pelo.

Este descubrimiento inspiró a de Mestral a inventar un sistema de cierre basado en el mismo principio. Tras varios años de experimentación y desarrollo, creó el Velcro, una combinación de dos tiras de tela: una con pequeños ganchos y la otra con bucles. Cuando se presionan juntas, se adhieren firmemente, pero se pueden separar y reutilizar fácilmente.

El Velcro se convirtió rápidamente en un éxito comercial. Su facilidad de uso y versatilidad lo hicieron ideal para una amplia gama de aplicaciones, desde ropa y calzado hasta equipamiento médico y aeroespacial. La historia del Velcro es un ejemplo fascinante de cómo la observación de fenómenos naturales puede llevar a innovaciones prácticas y ampliamente adoptadas.

De un invento que surgió durante un paseo por la naturaleza, pasamos a un avance médico crucial que se originó de un error de laboratorio. El marcapasos cardíaco, un dispositivo que ha salvado innumerables vidas, fue el resultado de un trabajo pionero y un error fortuito. Wilson Greatbatch estaba trabajando en un dispositivo para grabar sonidos cardíacos. Un error aparentemente menor en el laboratorio condujo a un avance médico significativo, destacando la importancia de la experimentación y la capacidad de reconocer el potencial en los resultados inesperados.

PACEMAKER
UN ERROR DE LABORATORIO
QUE SE CONVIRTIÓ EN UN SALVAVIDAS

El marcapasos, un dispositivo esencial en la medicina moderna para el tratamiento de trastornos cardíacos, surgió de un error fortuito en el laboratorio. En 1958, el ingeniero Wilson Greatbatch estaba trabajando en la creación de un oscilador para grabar sonidos cardíacos cuando instaló una resistencia incorrecta en el dispositivo. Este error produjo un pulso eléctrico rítmico, similar al latido del corazón humano. Greatbatch rápidamente se dio cuenta del potencial de su descubrimiento para ayudar a los pacientes con ritmos cardíacos irregulares.

Tras este descubrimiento, Greatbatch dedicó su trabajo a perfeccionar este dispositivo. Su invento, el marcapasos implantable, fue una innovación revolucionaria. Este dispositivo ayudaba a regular el ritmo cardíaco mediante impulsos eléctricos, proporcionando una solución vital para pacientes con arritmias. El desarrollo del marcapasos implantable marcó un hito en la cardiología, mejorando y salvando las vidas de millones de personas en todo el mundo.

La historia del marcapasos es un claro ejemplo de cómo la curiosidad, la experimentación y la capacidad de ver más allá de un error pueden conducir a avances médicos significativos. Este descubrimiento no solo transformó el tratamiento de enfermedades cardíacas, sino que también subrayó la importancia de la innovación en la medicina.

Del campo de la medicina y la ingeniería biomédica, nos trasladamos a un descubrimiento en el ámbito de la química que tuvo un impacto sustancial en la industria alimentaria: la sacarina, el primer edulcorante artificial, descubierto accidentalmente en 1879. Fue Constantin Fahlberg, un químico trabajando en la Universidad Johns Hopkins, quien notó la dulzura inusual en sus manos tras un día de trabajo en el laboratorio. Este sabor dulce, que no provenía de azúcares naturales, condujo al descubrimiento de la sacarina.

La sacarina se convirtió rápidamente en un popular sustituto del azúcar, especialmente durante las guerras mundiales cuando el azúcar estaba racionado. Su descubrimiento accidental abrió el camino para el desarrollo de una variedad de edulcorantes artificiales, transformando la industria alimentaria y las dietas de millones de personas

SACARINA
DULZURA ACCIDENTAL QUE DESATÓ LA INDUSTRIA DE LOS EDULCORANTES

La sacarina, el primer edulcorante artificial, fue descubierta de manera accidental por Constantin Fahlberg en 1879. Mientras trabajaba en un proyecto de investigación en la Universidad Johns Hopkins, Fahlberg derramó accidentalmente una sustancia química sobre su mano. Más tarde, al comer, notó un sabor dulce persistente, que no provenía de un azúcar natural, sino de la sustancia química que había tocado.

Fahlberg investigó más y aisló la sacarina, un compuesto 300 veces más dulce que el azúcar de caña, pero sin las calorías asociadas. A pesar de su origen accidental, la sacarina se comercializó rápidamente y ganó popularidad, especialmente durante las guerras mundiales cuando el azúcar estaba racionado.

La sacarina no solo ofrecía una alternativa al azúcar, sino que también abrió un nuevo mercado: el de los edulcorantes artificiales. Con el tiempo, la sacarina y otros edulcorantes artificiales se convirtieron en elementos básicos en productos dietéticos y sin azúcar.

Tras descubrir cómo un accidente de laboratorio dio origen a la industria de los edulcorantes artificiales, la próxima sección cambia el enfoque a la esfera económica. Ésta explora cómo errores, malas decisiones y crisis económicas han desembocado en colapsos financieros, pero también en oportunidades para el renacimiento y la reforma. A través de estudios de casos que incluyen crisis bancarias, burbujas económicas y recesiones, se analiza cómo los errores económicos han tenido consecuencias globales y han impulsado cambios significativos en las políticas y prácticas económicas. Estos casos resaltan la importancia de la adaptabilidad, la innovación y el aprendizaje en la respuesta a las crisis económicas, demostrando cómo los fracasos pueden convertirse en fuentes de renovación y progreso.

LA ECONOMÍA DE LOS ERRORES
COLAPSOS Y RENACIMIENTOS

En esta parte veremos cómo errores significativos en la esfera económica y empresarial han conducido a colapsos impactantes, pero también han servido como catalizadores de cambio y renovación. Esta sección explora una serie de crisis económicas y fracasos empresariales que, a pesar de sus impactos negativos iniciales, ofrecieron lecciones valiosas y oportunidades para reformas estructurales.

Decisiones erróneas, falta de visión o comprensión del mercado y la incapacidad de adaptarse a los cambios han llevado a importantes reveses económicos. Estos casos históricos muestran que, aunque los errores económicos pueden tener consecuencias devastadoras, también pueden ser momentos de aprendizaje crucial.

No solo nos enfocaremos en los aspectos negativos de estos fracasos, sino que también destacaremos cómo han impulsado innovaciones en políticas económicas, regulaciones financieras y estrategias empresariales. Las historias presentadas subrayan la importancia de la resiliencia y la capacidad de adaptarse a nuevos paradigmas económicos.

Entre los casos más emblemáticos de fracasos empresariales que se exploran se encuentra el Ford Edsel, un ejemplo clásico de un producto que falló en resonar con su mercado objetivo. Un coche que, a pesar de su gran promoción y expectativas, resultó ser un desastre comercial para la Ford Motor Company. La historia del Edsel no solo es un estudio sobre los riesgos del desarrollo de productos, sino también una lección importante sobre la importancia de comprender el mercado y adaptar las estrategias empresariales en consecuencia.

FORD EDSEL
CUANDO EL MERCADO DICE "NO"

El Ford Edsel, lanzado en 1957, se ha convertido en sinónimo de fracaso empresarial. Diseñado para ser el automóvil del futuro, el Edsel fue el resultado de una de las campañas de marketing más intensas y costosas de la época. Sin embargo, a pesar de la gran expectación, el coche fue un desastre comercial.

El Edsel sufrió de varios problemas fundamentales. Su diseño, que pretendía ser innovador y vanguardista, fue recibido con críticas y desdén por parte del público. Las características que pretendían diferenciarlo eran vistas como excesivas y poco prácticas. Además, su lanzamiento coincidió con una recesión económica, lo que redujo significativamente la demanda de automóviles de lujo.

El fracaso del Edsel resalta la importancia de entender el mercado y las preferencias de los consumidores. La desconexión entre lo que Ford creía que los consumidores querían y lo que realmente deseaban fue clave en su fracaso. Este caso se convirtió en un estudio clásico sobre los riesgos de no alinear el desarrollo de productos con la investigación de mercado y las tendencias de consumo.

Del caso del Edsel, un ejemplo de desconexión con las preferencias del mercado, nos trasladamos a otro caso notorio en la historia del marketing: el de New Coke. En 1985, Coca-Cola tomó la audaz decisión de cambiar la fórmula de su bebida insignia, un movimiento que provocó una reacción negativa inmediata y vehemente por parte de los consumidores. Este controvertido cambio y la reacción adversa a la New Coke subraya la importancia de la nostalgia y la conexión emocional de los consumidores con una marca. Aunque el cambio se hizo en un intento de mantenerse competitivo y relevante, la respuesta del público demostró el fuerte vínculo emocional y la lealtad a la fórmula original de Coca-Cola. Este episodio se convirtió en un valioso aprendizaje para Coca-Cola y otras empresas sobre el peso de la tradición y la percepción de los consumidores en la gestión de marcas.

New Coke
El cambio que nos enseñó
El valor de la nostalgia

En 1985, Coca Cola introdujo la New Coke, una nueva fórmula diseñada para reemplazar la receta original que había sido un ícono cultural y un éxito comercial durante casi un siglo. Esta decisión fue en respuesta a la creciente competencia en el mercado de bebidas gaseosas y a los estudios que indicaban una preferencia por un sabor más dulce.

Sin embargo, la introducción de la New Coke provocó una reacción inmediata y abrumadoramente negativa por parte de los consumidores. Aunque las pruebas de sabor previas al lanzamiento habían mostrado resultados positivos, Coca Cola subestimó la conexión emocional y nostálgica que los consumidores tenían con la fórmula original. La respuesta adversa fue tan intensa que, solo 79 días después del lanzamiento de la New Coke, la compañía anunció que volvería a vender la fórmula clásica bajo el nombre de Coca Cola Classic.

El caso de la New Coke se convirtió en una lección fundamental en el marketing sobre el valor de la nostalgia y la conexión emocional con una marca. Este hecho demostró que las decisiones de negocio no solo deben basarse en datos y tendencias del mercado, sino también en un profundo entendimiento de la relación emocional de los consumidores con el producto.

Del ámbito del marketing y las lecciones aprendidas sobre la importancia de la nostalgia y la conexión emocional, pasamos a un evento que sacudió los cimientos del mundo financiero: la caída de Lehman Brothers en 2008. La quiebra de uno de los bancos de inversión más grandes del mundo marcó el inicio de la crisis financiera global más severa desde la Gran Depresión. Los factores que llevaron a la caída de Lehman Brothers, incluyendo la burbuja inmobiliaria, los préstamos de alto riesgo y una regulación financiera inadecuada, tuvo repercusiones de largo alcance, afectando a economías y mercados en todo el mundo.

LEHMAN BROTHERS
LA CAÍDA QUE RESONÓ EN TODO EL MUNDO FINANCIERO

La quiebra de Lehman Brothers en septiembre de 2008 marcó un punto crítico en la historia financiera mundial. Como uno de los bancos de inversión más grandes de Estados Unidos, la caída de Lehman fue un catalizador clave que precipitó la crisis financiera global. Este evento puso de manifiesto las prácticas riesgosas generalizadas en el sector bancario y los mercados financieros, incluyendo la excesiva toma de riesgos y la falta de una regulación efectiva.

La historia de Lehman Brothers comenzó mucho antes de su colapso, con la empresa expandiéndose agresivamente en el mercado de hipotecas *subprime*. A medida que el mercado inmobiliario comenzó a tambalearse, Lehman se encontró con una enorme cantidad de activos tóxicos que rápidamente disminuyeron su valor. La falta de transparencia y la confianza excesiva en modelos financieros complejos contribuyeron a su caída.

La quiebra de Lehman Brothers no solo fue un golpe devastador para los mercados financieros globales, sino que también provocó una crisis de confianza en el sistema bancario internacional. Las repercusiones se sintieron en todo el mundo, llevando a una recesión económica en muchas naciones y a una reevaluación de las prácticas regulatorias en la industria financiera.

La historia de Lehman Brothers sirve como un poderoso recordatorio de la interconexión del sistema financiero global y de la importancia de la gestión del riesgo y la regulación en el sector financiero.

De la caída de un gigante bancario a uno de los mayores escándalos corporativos de la historia. Enron, una vez una de las empresas más grandes y aparentemente exitosas de Estados Unidos, se desmoronó en 2001 bajo el peso de lo que resultó ser una de las contabilidades fraudulentas más elaboradas jamás vistas. Enron utilizó la "contabilidad creativa" para ocultar deudas y embellecer sus estados financieros, engañando a inversores, reguladores y al público.

El caso de Enron no solo es un estudio sobre las consecuencias de la codicia corporativa y la corrupción, sino también sobre las fallas en los sistemas de regulación y control corporativo. La historia de Enron llevó a importantes reformas en la contabilidad y la regulación financiera, incluyendo la aprobación de la Ley Sarbanes-Oxley en los Estados Unidos.

ENRON
"CONTABILIDAD CREATIVA"
Y EL COSTO DE LA CODICIA

Enron, que alguna vez fue un titán de la industria energética, se convirtió en sinónimo de fraude corporativo y corrupción. Su colapso en 2001 fue uno de los escándalos empresariales más grandes e impactantes de la historia. El ascenso y la caída de Enron es una historia sobre la manipulación, la avaricia y la falla ética a una escala colosal.

La compañía utilizó prácticas de contabilidad complejas y engañosas para ocultar deudas masivas y crear una ilusión de rentabilidad y estabilidad financiera. Estas tácticas incluyeron el uso de entidades de propósito especial para mantener deudas fuera de los libros y la inflación artificial de los ingresos. A pesar de estas prácticas, Enron fue aclamada por analistas e inversores, hasta que sus problemas financieros no pudieron ocultarse más.

El desplome de Enron resultó en miles de empleados y accionistas perdiendo sus ahorros, y sacudió la

149

confianza en los mercados financieros. Este escándalo fue un claro indicador de la necesidad de una mayor transparencia y regulación en el mundo corporativo, llevando a la aprobación de leyes como la Ley Sarbanes-Oxley, diseñada para prevenir fraudes corporativos similares.

Este episodio sirve como una advertencia sobre los peligros de la falta de transparencia y ética en el mundo corporativo.

Mientras Enron representa un ejemplo de colapso corporativo debido a prácticas internas corruptas, el siguiente fragmento examina una historia diferente de fracaso empresarial: la de Blockbuster. Esta compañía, que alguna vez fue líder en el alquiler de películas y videojuegos, enfrentó su declive debido a la resistencia al cambio y la incapacidad de adaptarse al entorno digital emergente.

BLOCKBUSTER
LA RESISTENCIA AL CAMBIO DIGITAL
Y SU RESULTADO FINAL

Blockbuster, en su momento, fue el gigante indiscutible en el alquiler de películas y videojuegos, con miles de tiendas distribuidas por todo el mundo. Sin embargo, a principios de la década de 2000, la compañía enfrentó un desafío emergente: el cambio en los hábitos de consumo y la irrupción de la tecnología digital en el entretenimiento.

Mientras competidores como Netflix comenzaban a explorar el alquiler de DVD por correo y, más tarde, el *streaming* en línea, Blockbuster se aferró a su modelo de negocio basado en tiendas físicas. Esta resistencia al cambio digital fue un error estratégico crucial. A pesar de un intento tardío de entrar en el mercado en línea, Blockbuster no pudo igualar la comodidad y el creciente catálogo de sus competidores digitales.

Blockbuster tuvo la oportunidad de comprar Netflix, en ese entonces una pequeña empresa de alquiler de DVD por correo, pero decidió no hacerlo, subestimando el potencial de la transmisión en línea y el cambio en los hábitos de consumo. A medida que Netflix y otras plataformas digitales crecieron, Blockbuster luchó por mantener su modelo basado en tiendas físicas. La falta de visión para anticipar y adaptarse a las nuevas tecnologías y preferencias del consumidor puede llevar al ocaso de incluso las empresas más exitosas.

La historia de Blockbuster culmina con su quiebra en 2010, un evento que simboliza el fin de una era en el alquiler de películas. Este caso es un claro ejemplo de cómo la incapacidad de una empresa para adaptarse a nuevas tecnologías y cambios en las preferencias de los consumidores puede llevar a su desaparición. Blockbuster se convierte así en un caso de estudio sobre la importancia de la innovación y la flexibilidad en el rápido mundo empresarial de la Era Digital.

Del ocaso de Blockbuster en la industria del entretenimiento, pasamos a otro caso de un gigante que enfrentó dificultades en adaptarse a la evolución tecnológica: Nokia. Una vez el líder indiscutible en el mercado de los teléfonos móviles, perdió su posición dominante con la llegada de la era de los smartphones.

NOKIA
DE LÍDER DE MERCADO A OLVIDADO EN LA ERA DE LOS *SMARTPHONES*

Nokia, una empresa finlandesa, fue una vez el líder indiscutible en el mercado de teléfonos móviles. A finales de los años 90 y principios de los 2000, sus teléfonos eran conocidos por su durabilidad, batería de larga duración y diseño sencillo pero funcional. Sin embargo, con la llegada de la era de los *smartphones*, Nokia se enfrentó a un cambio radical que finalmente no pudo manejar con éxito.

El lanzamiento del iPhone de Apple en 2007 y la rápida adopción de Android por parte de otros fabricantes de teléfonos significaron un cambio en lo que los consumidores esperaban de sus dispositivos móviles. Nokia, confiando en su sistema operativo Symbian, no pudo competir con la facilidad de uso, la interfaz intuitiva y las amplias funcionalidades que ofrecían los nuevos *smartphones*. A pesar de sus intentos por innovar, incluyendo una asociación tardía con Microsoft para desarrollar teléfonos con Windows Phone, Nokia no logró recuperar su posición de liderazgo en el mercado.

Las decisiones estratégicas de Nokia, su lenta reacción al cambio del mercado y su intento, sin éxito, no pudieron recuperar su relevancia en el mercado de los smartphones. La historia de Nokia enseña sobre la importancia de anticipar y adaptarse rápidamente a las innovaciones tecnológicas y a las expectativas cambiantes de los consumidores en la era de la tecnología y la información.

Nokia es un claro ejemplo de cómo incluso las empresas más grandes y exitosas pueden fallar si no se adaptan rápidamente a los cambios tecnológicos y a las demandas del mercado. Su incapacidad para reconocer la importancia de los *smartphones* y adaptar su estrategia de manera oportuna resultó en su declive como gigante de la telefonía móvil.

Similar a la historia de Nokia, es el caso de Yahoo!, una empresa que jugó un papel fundamental en los primeros días de internet, pero que eventualmente fue superada por competidores debido a una serie de errores estratégicos. Yahoo! comenzó como un directorio de internet y se expandió para convertirse en un portal web líder, ofreciendo una variedad de servicios, desde búsqueda hasta correo electrónico y noticias.

YAHOO!
ERRORES ESTRATÉGICOS EN LA ERA DE LA INFORMACIÓN

Yahoo!, fundada en 1994, fue una de las primeras grandes historias de éxito de Internet, estableciéndose como un portal web líder y una marca global. Sin embargo, a medida que la industria de Internet evolucionaba, Yahoo! luchó por mantener su relevancia y liderazgo. Sin embargo, enfrentó desafíos al no poder adaptarse efectivamente a los cambios en el panorama digital, especialmente con la llegada de Google y más tarde de Facebook

A pesar de ser pionera en muchas áreas, Yahoo! cometió errores estratégicos clave que limitaron su crecimiento y potencial. Uno de estos fue su enfoque en ser un portal web integral en lugar de especializarse en un área en particular, como hizo Google con la búsqueda en línea. Además, Yahoo! tuvo varias oportunidades de adquirir Google y Facebook en sus etapas tempranas, pero decidió no hacerlo, perdiendo la oportunidad de liderar en áreas que más tarde serían cruciales para el dominio en Internet.

La incapacidad de Yahoo! para adaptarse a los cambios en la publicidad en línea y la falta de una visión clara para el futuro de la compañía también contribuyeron a su declive. Mientras competidores como Google y Facebook se centraban en la innovación y la adaptación a las nuevas tendencias del mercado digital, Yahoo! se quedó atrás, perdiendo su posición como líder en el mundo de Internet.

Las decisiones clave, incluyendo oportunidades de adquisición rechazadas y una falta de enfoque en su motor de búsqueda, contribuyeron a su declive gradual en la era de la información. Yahoo! ofrece lecciones valiosas sobre la importancia de la visión estratégica y la adaptabilidad en el dinámico sector tecnológico.

El caso de Yahoo! ilustra los desafíos de mantener la relevancia en una industria que cambia rápidamente. De manera similar es el declive de Kodak, una empresa que alguna vez fue sinónimo de fotografía. Kodak cometió el error crítico de resistirse a la fotografía digital, una tecnología que la propia empresa ayudó a desarrollar.

A pesar de inventar la cámara digital en 1975, Kodak temía que la adopción de la fotografía digital canibalizara su lucrativo negocio de películas fotográficas. Esta resistencia a adoptar la innovación resultó en que Kodak se quedara atrás mientras competidores como Sony y Canon abrazaban la Era Digital. Para cuando Kodak reconoció el potencial y la inevitabilidad de la fotografía digital, ya era demasiado tarde: había perdido su posición dominante en el mercado.

KODAK
PERDER LA FOTOGRAFÍA DIGITAL POR MIEDO A LA INNOVACIÓN

Kodak, una vez líder indiscutible en la industria fotográfica, es un ejemplo clásico de cómo una empresa puede fracasar al resistirse al cambio e innovación. A pesar de que Kodak inventó la primera cámara digital en 1975, la compañía optó por minimizar su desarrollo, preocupada por canibalizar su exitoso negocio de película fotográfica.

Este temor a la innovación resultó ser un error estratégico fatal. A medida que la fotografía digital comenzó a ganar popularidad a finales de los años 90 y principios de los 2000, Kodak se encontró rezagada. Competidores como Sony y Canon aprovecharon la oportunidad para dominar este nuevo mercado, mientras que Kodak luchaba por adaptarse.

Para cuando Kodak intentó entrar de lleno en el mercado digital, ya había perdido una parte significativa de su cuota de mercado. Aunque la compañía finalmente hizo algunos avances en la fotografía digital, no pudo recuperar su posición de liderazgo. La historia de Kodak resalta la importancia de adaptarse a las nuevas tecnologías y tendencias del mercado, incluso cuando esto significa desafiar los modelos de negocio existentes.

Kodak es una advertencia sobre los peligros del miedo a la innovación y la importancia de abrazar el cambio, especialmente en industrias tecnológicas en rápida evolución. El apego a modelos de negocio obsoletos puede impedir el crecimiento y la supervivencia de una empresa en el mundo moderno.

El caso de Kodak muestra cómo la resistencia al cambio puede llevar al declive de una empresa. De forma parecida, Toys "R" Us, un gigante en el mundo del juguete y minorista líder fue superado por los cambios en el comercio minorista y las nuevas preferencias de los consumidores.

Toys "R" Us fue una vez el destino predilecto para juguetes y productos infantiles, pero con la llegada del comercio electrónico y la creciente competencia de Amazon y Walmart, la empresa comenzó a perder su ventaja. Estos competidores ofrecían mayor conveniencia, una gama más amplia de productos y, a menudo, precios más bajos. Además, Toys "R" Us no logró desarrollar una presencia en línea fuerte y atractiva, lo que limitó su capacidad para competir en la Era Digital.

Toys "R" Us
Un gigante del juguete superado por la nueva era del *retail*

Toys "R" Us, durante décadas, fue el epítome del éxito en el mundo del juguete y el *retail* infantil. Con sus grandes almacenes llenos de una amplia variedad de juguetes, la marca se convirtió en un nombre familiar y un destino de compras para familias de todo el mundo. Sin embargo, a medida que avanzaba el siglo XXI, Toys "R" Us comenzó a enfrentar desafíos significativos.

La llegada y el crecimiento exponencial del comercio electrónico cambiaron radicalmente el panorama del *retail*. Gigantes como Amazon y Walmart ofrecían una conveniencia y variedad que Toys "R" Us no pudo igualar. Estos competidores no solo ofrecían precios más bajos y una mayor selección de productos, sino que también proporcionaban la comodidad de comprar desde casa.

A pesar de estos desafíos, Toys "R" Us tardó en adaptar su estrategia de negocio al mundo digital. La compañía no logró desarrollar una plataforma en línea robusta y atractiva, perdiendo así una parte crucial de su mercado. Además, la creciente deuda y una estructura de costos poco flexible agravaron sus problemas financieros.

La historia de Toys "R" Us culmina con su declaración de bancarrota en 2017, marcando el fin de una era en el *retail* de juguetes. Este caso resalta la importancia crítica de adaptarse a las nuevas tendencias del mercado y a las expectativas de los consumidores, especialmente en una era donde el comercio electrónico está redefiniendo el *retail*.

Este caso subraya la necesidad de que las empresas se adapten continuamente a las cambiantes dinámicas del mercado y a las expectativas de los consumidores, especialmente en la era del comercio electrónico y la transformación digital.

Después de examinar la caída de un gigante del *retail* tradicional, nos adentramos en el surgimiento de una innovación en el mundo financiero que desafía las nociones convencionales de moneda y transacciones: Bitcoin. Desde su creación en 2009 por una persona o grupo de personas bajo el seudónimo de Satoshi Nakamoto, Bitcoin ha experimentado una montaña rusa de volatilidad, escepticismo y finalmente una creciente aceptación.

Bitcoin, inicialmente una curiosidad dentro de nichos tecnológicos y libertarios, captó la atención de inversores, empresas y reguladores. A pesar de su volatilidad y los desafíos regulatorios y técnicos, Bitcoin y otras criptomonedas están ganando terreno como alternativas viables a las monedas tradicionales, redefiniendo las nociones de dinero y transacciones en la economía global.

BITCOIN
DE LA VOLATILIDAD AL ESTABLECIMIENTO DE UNA NUEVA ECONOMÍA

El Bitcoin, introducido al mundo en 2009, marcó el comienzo de una era completamente nueva en las finanzas digitales. Como la primera criptomoneda descentralizada, Bitcoin ofrecía una alternativa radical a las monedas tradicionales controladas por los gobiernos. Su tecnología subyacente, la *blockchain*, aseguraba transacciones seguras y un registro público de todas las operaciones, una innovación que atrajo tanto el escepticismo como el entusiasmo.

En sus primeros años, Bitcoin fue principalmente una novedad dentro de los círculos de la tecnología y la criptografía. Sin embargo, comenzó a ganar notoriedad y valor a medida que más personas reconocían su potencial como una forma de almacenar valor y realizar transacciones sin la necesidad de intermediarios financieros tradicionales. A pesar de su creciente popularidad, Bitcoin también enfrentó y sigue enfrentando volatilidad en los precios, preocupaciones regulatorias y debates sobre su viabilidad a largo plazo.

Bitcoin ha desafiado las normas financieras establecidas y ha provocado un debate global sobre el futuro del
dinero. A medida que las criptomonedas continúan
evolucionando, plantean preguntas importantes sobre
la seguridad, la privacidad y la naturaleza del comercio
en un mundo cada vez más digital.

El análisis de Bitcoin no solo se enfoca en su historia y
tecnología, sino también en cómo representa un cambio fundamental en el sistema financiero, desafiando
las monedas emitidas por el gobierno y las estructuras
bancarias tradicionales. Esto proporciona una visión
de cómo la innovación en la tecnología financiera
puede crear nuevas economías y posibilidades, marcando el comienzo de una nueva era en las finanzas

Tras explorar la revolución que Bitcoin ha traído al
mundo financiero, pasamos a la Sección 3 del libro.
Esta sección se adentra en historias inspiradoras y lecciones extraídas de fracasos que se convirtieron en éxitos resonantes. Aquí, exploramos cómo individuos, empresas y hasta sociedades han logrado convertir situaciones adversas o fracasos aparentes en oportunidades
de crecimiento, innovación y éxito. Cada capítulo de
esta sección analiza un caso diferente, demostrando
cómo la capacidad de adaptarse, aprender de los errores y perseverar frente a la adversidad puede conducir
a resultados extraordinarios. Desde empresarios que
superaron reveses catastróficos hasta empresas que se
reinventaron a sí mismas para sobrevivir y prosperar,
estas historias ilustran la resiliencia y la capacidad de
recuperación que son fundamentales para el éxito en
cualquier campo.

Parte 3

Transformando
el Fracaso en Éxito

José Luis Valle Galindo

SUPERANDO LAS ADVERSIDADES

Esta sección se sumerge en el corazón de lo que significa superar adversidades. Esta parte aborda cómo los fracasos, lejos de ser el fin de un camino, pueden ser el inicio de un viaje hacia el éxito. A través de una serie de relatos inspiradores, se explora cómo individuos y empresas han convertido obstáculos significativos y fracasos aparentes en trampolines para el logro y la innovación.

Cada capítulo presenta historias de tenacidad y perseverancia. Desde inventores cuyas ideas fueron inicialmente rechazadas, pero que luego revolucionaron industrias, hasta empresas que, enfrentándose a la quiebra, reinventaron su modelo de negocio y emergieron más fuertes, estas narrativas subrayan una verdad fundamental: el fracaso es una parte esencial del éxito. Estos relatos no solo inspiran sino que también ofrecen lecciones prácticas sobre cómo abordar y superar los fracasos.

La resiliencia, la creatividad y la visión son importantes en la superación de desafíos. Las historias demuestran que, a menudo, enfrentar y aprender de los fracasos puede abrir nuevas puertas y ofrecer oportunidades inesperadas.

Al concluir la exploración de cómo los fracasos pueden ser transformados en éxitos, lo siguiente se enfoca en historias específicas de empresarios que, a través de su resiliencia y determinación, superaron obstáculos aparentemente insuperables. Esta sección ofrece casos individuales, destacando cómo la tenacidad personal, combinada con una visión clara y una voluntad de adaptarse, puede permitir a los individuos no solo superar los desafíos sino también dejar una marca indeleble en sus campos. Desde *startups* que se abrieron camino en mercados altamente competitivos hasta visionarios que desafiaron las normas y expectativas de su tiempo, estos retratos de perseverancia son testimonios del poder del espíritu empresarial y de la capacidad humana para superar las adversidades.

Retratos de perseverancia
Empresarios desafiando el destino

Nos adentramos en las vidas de empresarios notables que han dejado una huella indeleble en el mundo a través de su persistencia y visión. Estas historias destacan no solo sus logros, sino también los desafíos y fracasos que superaron en el camino. Cada relato es un testimonio de cómo la resiliencia, la innovación y el coraje para enfrentar la adversidad pueden transformar industrias enteras y cambiar la forma en que vivimos.

Los empresarios presentados varían en sus industrias y enfoques, pero todos comparten un rasgo común: la capacidad de ver más allá de los contratiempos y perseverar frente a las adversidades. Desde aquellos que comenzaron con poco más que una idea y una pasión, hasta aquellos que tuvieron que reconstruir sus carreras desde cero, estas historias ofrecen una visión profunda de la mentalidad necesaria para convertir un fracaso en un éxito resonante.

Un ejemplo paradigmático de esta perseverancia es Steve Jobs, cofundador de Apple Inc., conocido por su influencia revolucionaria en la industria de la tecnología, pero su camino hacia el éxito estuvo lejos de ser lineal. Después de fundar Apple y experimentar un ascenso meteórico, Jobs fue despedido de la empresa que había ayudado a crear.

Lejos de rendirse, Jobs utilizó este revés como un catalizador para la innovación. Durante sus años fuera de Apple, fundó la empresa NeXT y jugó un papel crucial en el desarrollo de Pixar, que revolucionaría la industria cinematográfica. Su eventual regreso a Apple marcó uno de los mayores giros en la historia corporativa. Bajo su liderazgo, Apple lanzó productos que redefinieron múltiples mercados, como el iPod, el iPhone y el iPad.

La historia de Steve Jobs es un retrato de resiliencia y creatividad, demostrando que incluso los fracasos más duros pueden ser puntos de partida para un éxito extraordinario. Su legado no solo radica en los productos innovadores que ayudó a crear, sino también en su enfoque inquebrantable y su visión única que transformaron la tecnología y la cultura.

STEVE JOBS
DE LA EXPULSIÓN A LA REVOLUCIÓN

Steve Jobs, cofundador de Apple, es una figura emblemática en el mundo de la tecnología y la innovación. Su historia es una montaña rusa de éxitos y fracasos, marcada por su destitución de Apple en 1985, una empresa que había fundado en un garaje junto con Steve Wozniak en 1976. Sin embargo, esta expulsión no fue el fin de su trayectoria, sino un punto de inflexión crucial en su vida y carrera.

Tras su salida de Apple, Jobs no se detuvo. Fundó NeXT, una empresa de hardware y software que, aunque nunca alcanzó el éxito comercial masivo, fue crucial en su desarrollo personal y profesional. Además, su inversión y liderazgo en Pixar Animation Studios lo llevaron a un éxito sin precedentes en la industria del cine, comenzando con la aclamada película "Toy Story".

El regreso de Jobs a Apple en 1997, cuando la empresa estaba al borde de la bancarrota, marcó el comienzo de una de las mayores revoluciones en la historia corporativa. Con su visión y enfoque en el diseño y la usabilidad, Jobs transformó la gama de productos de Apple, introduciendo innovaciones revolucionarias como el iPod, el iPhone y el iPad, que no solo salvaron a Apple de la insolvencia, sino que también redefinieron las industrias de la música, la telefonía y el entretenimiento.

La historia de Steve Jobs es un testimonio de la perseverancia, la visión y la capacidad para transformar adversidades en oportunidades. Su impacto en Apple y en la tecnología moderna es incalculable, y su legado continúa inspirando a futuros innovadores.

De la revolución tecnológica de Steve Jobs, el siguiente apartado se adentra en el mundo de la literatura para contar la historia de J.K. Rowling, otra figura que transformó un periodo de dificultades personales en un éxito espectacular. Conocida por la serie de libros de Harry Potter, Rowling pasó de vivir con subsidios del gobierno y enfrentar rechazos constantes de editoriales a convertirse en una de las autoras más exitosas y queridas de nuestra era.

La jornada de Rowling, recorre desde sus humildes comienzos luchando por hacerse un lugar como escritora, hasta el momento en que su imaginativo mundo de brujería y magia capturó los corazones y las mentes de lectores de todas las edades alrededor del mundo. Su historia es una fuente de inspiración para cualquiera que enfrente adversidades, demostrando que la perseverancia y la creencia en uno mismo pueden dar lugar a resultados extraordinarios.

J.K. ROWLING
DE VIVIR DEL SUBSIDIO
A CREAR UN IMPERIO LITERARIO

J.K. Rowling, la autora detrás de la serie de libros de Harry Potter, es un ejemplo inspirador de superación y éxito. Antes de su fama, Rowling enfrentaba dificultades significativas, incluyendo la lucha contra la pobreza y la responsabilidad de ser madre soltera. Sin embargo, fue durante estos tiempos difíciles cuando concibió la idea que transformaría su vida y la literatura infantil.

Rowling comenzó a escribir las aventuras de Harry Potter en cafeterías de Edimburgo, mientras su hija pequeña dormía a su lado. A pesar de enfrentar múltiples rechazos de editoriales, persistió en su sueño de contar la historia del joven mago. Finalmente, *Harry Potter y la Piedra Filosofal* fue publicado, y el resto es historia. La serie no solo se convirtió en un fenómeno literario y cultural, vendiendo millones de copias en todo el mundo, sino que también fue adaptada en una exitosa serie de películas, productos y un parque temático.

La historia de Rowling es un relato de tenacidad y fe en la visión creativa, que demuestra cómo incluso en los momentos más difíciles, la esperanza y la determinación pueden llevar a logros extraordinarios. Su viaje es un testimonio del poder de la literatura para transformar tanto vidas individuales como la cultura global.

Al igual que J.K. Rowling transformó desafíos personales en un éxito sin precedentes, Oprah Winfrey pasó de una infancia marcada por la pobreza y las dificultades a convertirse en una de las figuras más influyentes en el mundo de los medios de comunicación, destacando cómo su tenacidad, empatía y habilidad para conectar con la audiencia la llevaron a construir un imperio mediático.

Oprah Winfrey no solo rompió barreras en una industria dominada tradicionalmente por hombres blancos, sino que también redefinió el formato del *talk show* con su enfoque en la autoayuda, la espiritualidad y los problemas sociales. Su historia es un poderoso ejemplo de cómo la resiliencia y la determinación pueden transformar las circunstancias adversas en una plataforma para el cambio y el empoderamiento, tanto personal como colectivo.

OPRAH WINFREY
DE LA POBREZA A LA CONSTRUCCIÓN DE UN IMPERIO MEDIÁTICO

Oprah Winfrey, una de las personalidades más influyentes y respetadas en el mundo de los medios de comunicación, tiene una historia de vida que es un claro ejemplo de resiliencia y éxito. Nacida en la pobreza y criada en un entorno de adversidad y desafíos, Oprah no solo superó circunstancias tremendamente difíciles, sino que también utilizó sus experiencias para forjar un camino único en los medios de comunicación.

Desde sus inicios en la radio y luego en la televisión, Oprah mostró una capacidad innata para conectar con su audiencia. Su honestidad, empatía y autenticidad la convirtieron en una figura querida y respetada. En 1986, lanzó *The Oprah Winfrey Show*, que se convirtió en uno de los *talk shows* más vistos en la historia de la televisión estadounidense. El programa trascendió el formato tradicional del *talk show*, abordando temas de salud mental, espiritualidad y justicia social, entre otros.

Oprah no solo se convirtió en una exitosa presentadora de televisión, sino que también amplió su influencia a través de la producción de películas, la publicación de libros y el trabajo filantrópico. Su historia es un testimonio del poder del espíritu humano para superar obstáculos y lograr lo extraordinario, inspirando a millones de personas en todo el mundo.

La historia de Oprah Winfrey demuestra cómo la perseverancia y la visión pueden transformar las circunstancias personales y el entorno profesional. En un espíritu similar, Walt Disney, cuya trayectoria desde la bancarrota hasta convertirse en un pionero y magnate del entretenimiento es igualmente inspiradora.

La historia de Walt Disney es emblemática del espíritu emprendedor. Su capacidad para ver más allá de los fracasos iniciales y su incansable búsqueda de la innovación lo llevaron a revolucionar la industria del entretenimiento, dejando un legado que continúa influyendo en la cultura popular a nivel mundial.

WALT DISNEY
DE LA BANCARROTA A
MAGNATE DEL ENTRETENIMIENTO

Walt Disney, cuyo nombre es sinónimo de creatividad y magia en el entretenimiento, comenzó su viaje con desafíos y fracasos. Antes de convertirse en el ícono que es hoy, Disney enfrentó la bancarrota con su primera empresa, Laugh-O-Gram Studio. Sin embargo, lejos de rendirse, utilizó estas experiencias como lecciones valiosas para su futuro.

Tras mudarse a Hollywood, Walt y su hermano Roy fundaron Disney Brothers Studio. La verdadera revolución llegó con la creación de Mickey Mouse, seguido por el primer largometraje animado sonoro, "Blanca Nieves y los Siete Enanitos", que fue un éxito rotundo. Este fue solo el comienzo de una serie de innovaciones que incluyeron largometrajes animados, parques temáticos y numerosos personajes icónicos.

Walt Disney, conocido hoy por su imperio global de medios y parques temáticos, enfrentó numerosos reveses en sus primeros años como animador y empresario.

Después de varias fallas empresariales y una bancarrota temprana, Disney perseveró, apoyado por su creatividad inquebrantable y su disposición a tomar riesgos.

La historia de Walt Disney destaca la importancia de la resiliencia, la creatividad y el optimismo. Su legado no solo abarca el vasto imperio del entretenimiento de Disney, sino que también incluye su influencia perdurable en la cultura popular y la animación. Disney demostró que, con visión y perseverancia, los sueños más audaces pueden hacerse realidad.

La historia de Walt Disney, marcada por la superación de la adversidad y la innovación constante, se refleja en la vida de otro emprendedor visionario, Soichiro Honda, quien pasó de ser un humilde mecánico a fundar una de las empresas automotrices más exitosas del mundo.

La historia de Soichiro Honda es un ejemplo de cómo la pasión, el trabajo duro y la capacidad para ver oportunidades en los desafíos pueden dar origen a un legado duradero. Su enfoque en la innovación y el compromiso con la excelencia transformaron a Honda en un gigante global en la industria automotriz y de motocicletas.

SOICHIRO HONDA
DE MECÁNICO A FUNDADOR
DE UN GIGANTE AUTOMOTRIZ

Soichiro Honda, el fundador de Honda Motor Co., Ltd., es un ejemplo destacado de cómo la perseverancia y la innovación pueden transformar una pequeña empresa en un gigante global. Comenzando su carrera como mecánico, Honda tenía una pasión por los automóviles y las motocicletas que lo llevó a experimentar con sus propios diseños.

Soichiro Honda comenzó su carrera reparando bicicletas y luego se dedicó a fabricar pistones para Toyota. Después de la Segunda Guerra Mundial, Honda identificó una necesidad en el mercado japonés de transporte económico y confiable. Comenzó a fabricar motocicletas, inicialmente adaptando motores a bicicletas. Estos primeros modelos fueron un éxito y sentaron las bases para la expansión de la compañía. En 1948, fundó Honda Motor Co., Ltd., y comenzó a producir motocicletas completas. En la década de 1960, Honda expandió su negocio al mercado automotriz, enfrentando y superando desafíos significativos. A pesar de ser un recién llegado en una industria dominada por gigantes establecidos, Honda se destacó por su enfoque en la ingeniería innovadora y la calidad. Sus automóviles ganaron popularidad no solo en Japón, sino también en mercados internacionales, incluyendo Estados Unidos. A pesar de los desafíos iniciales, incluyendo la destrucción de su fábrica durante la guerra, Honda se caracterizó por su tenacidad, innovación y enfoque en la calidad y la eficiencia.

La historia de Soichiro Honda es una narrativa de audacia, visión y logros técnicos. Su legado perdura en una empresa que sigue siendo sinónimo de innovación, calidad y eficiencia en la industria automotriz y de motocicletas.

Al igual que Soichiro Honda transformó una visión personal en un imperio automotriz, Milton Hershey revolucionó el mundo del chocolate. Hershey, cuyos humildes comienzos como aprendiz de confitero lo llevaron a convertirse en uno de los nombres más reconocidos en la industria del chocolate.

La historia de Milton Hershey es un ejemplo de cómo la innovación y un enfoque en la responsabilidad social pueden crear no solo una empresa exitosa, sino también una comunidad próspera. Su legado va más allá del chocolate, dejando una marca indeleble en la industria y en la sociedad americana.

MILTON HERSHEY
DE APRENDIZ A PIONERO DEL CHOCOLATE

Milton Hershey comenzó su carrera en el mundo del dulce como aprendiz de confitero, pero fue su incursión en el mundo del chocolate lo que lo llevó a convertirse en una figura icónica en la industria alimentaria. Tras varios intentos fallidos en el negocio de la confitería, Hershey encontró su verdadera pasión y oportunidad en el chocolate, un lujo que en ese momento estaba reservado principalmente para la elite.

En 1903, Hershey fundó la Hershey Chocolate Company en Pennsylvania. Su visión era producir chocolate de alta calidad que fuera accesible y asequible para el público general. Hershey introdujo una variedad de productos de chocolate, incluyendo la famosa Hershey's Milk Chocolate bar, que se convirtió en un éxito instantáneo. Hershey innovó en los procesos de fabricación de chocolate, lo que permitió la producción masiva y la reducción de costos, democratizando así el consumo de chocolate en Estados Unidos.

Pero la visión de Hershey iba más allá de la producción de chocolate. Construyó la ciudad de Hershey en Pennsylvania, proporcionando viviendas, escuelas y servicios de calidad para sus empleados y sus familias. Esta visión holística demostró su compromiso con el bienestar de sus empleados y con la construcción de una empresa sostenible y responsable.

La historia de Milton Hershey es un ejemplo inspirador de perseverancia, innovación y responsabilidad social. Su legado perdura no solo en los productos de chocolate que llevan su nombre, sino también en la comunidad que construyó y en su enfoque pionero en los negocios.

Al igual que Milton Hershey, que transformó el chocolate de un lujo a un placer cotidiano, el Coronel Harland Sanders, quien comenzó vendiendo pollo frito desde un pequeño puesto en una gasolinera en Kentucky, cambió la industria de la comida rápida con su receta de pollo frito.

CORONEL SANDERS
DE UN PEQUEÑO PUESTO A KFC

El Coronel Harland Sanders, fundador de Kentucky Fried Chicken (KFC), comenzó su viaje en el mundo de la comida rápida con un modesto puesto de pollo frito en una gasolinera en Corbin, Kentucky. A pesar de tener una educación limitada y enfrentar varios reveses personales y profesionales, Sanders se dedicó a perfeccionar su receta de pollo frito, que se convertiría en el sello distintivo de KFC.

A pesar de los múltiples desafíos y de comenzar su emprendimiento a una edad en la que muchos consideran retirarse, Sanders perseveró. Su dedicación a la calidad y su enfoque en la perfección de su receta de pollo frito llevaron a la creación de una de las cadenas de comida rápida más exitosas del mundo.

Con su característico traje blanco y su barba, Sanders se convirtió en un ícono de la marca. Su enfoque en la calidad y la consistencia del producto, junto con un ingenioso método de franquicias, permitió que KFC se expandiera rápidamente. Sanders demostró una habilidad excepcional para la comercialización y el branding, transformando KFC en una cadena de comida rápida reconocida a nivel mundial.

El legado del Coronel Sanders es un testimonio de cómo la pasión, la perseverancia y una fuerte ética de trabajo pueden superar los obstáculos y llevar al éxito en los negocios. Su historia es un claro ejemplo de cómo un enfoque en la calidad y un marketing efectivo pueden llevar una pequeña operación a convertirse en un gigante global.

La historia de Sanders es un ejemplo de cómo la pasión y la determinación pueden convertir una simple idea en un fenómeno global.

La historia de superación y éxito de Coronel Sanders en KFC sienta un precedente inspirador que se refleja en la trayectoria de Howard Schultz con Starbucks. Schultz, originalmente un empleado en el departamento de ventas de Starbucks, reconoció y capitalizó el potencial inexplorado de la compañía. Inspirado por las cafeterías que había visto en Italia, Schultz transformó Starbucks de un minorista de granos de café y equipos de café *espresso* a una cadena de cafeterías global que redefine la experiencia del café.

HOWARD SCHULTZ
DE LAS VENTAS A LA GLOBALIZACIÓN DE STARBUCKS

Howard Schultz, el visionario detrás de la transformación global de Starbucks, comenzó su viaje en la empresa en un rol de ventas, pero su impacto se sintió mucho más allá. Inspirado por un viaje a Italia y fascinado por la cultura del café, Schultz vio el potencial de Starbucks para ser más que un simple vendedor de granos de café y máquinas *espresso*.

Bajo su liderazgo, Starbucks se transformó en una experiencia: cada tienda no era solo un lugar para comprar café, sino para disfrutar de un café de alta calidad en un ambiente acogedor, un espacio para relajarse, trabajar y socializar, concepto que él llamó "el tercer lugar", aparte del hogar y el trabajo. Esta visión llevó a Starbucks a expandirse globalmente, abriendo miles de tiendas en todo el mundo y convirtiéndose en una de las marcas más reconocidas.

El enfoque de Schultz en la calidad del café, el diseño de las tiendas y la experiencia del cliente ayudó a

Starbucks a establecer un nuevo estándar en la industria del café. Su historia es un ejemplo brillante de cómo una visión clara, cuando se combina con una estrategia empresarial audaz y una ejecución consistente, puede transformar una marca de nicho en un gigante global.

Starbucks no solo cambió la forma en que las personas consumen café, sino que también introdujo un nuevo espacio social y una cultura del café en muchas ciudades a nivel mundial. La historia de Schultz y Starbucks es un testimonio del poder de una visión empresarial fuerte y de la capacidad de reinventar una marca mientras se mantiene fiel a sus raíces.

La expansión global de Starbucks bajo Howard Schultz es una narrativa sobre la transformación de una idea en un fenómeno mundial. De manera similar, Jeff Bezos y la creación de Amazon, comenzando como una librería en línea en un garaje, Bezos transformó Amazon en el gigante del comercio electrónico que es hoy.

JEFF BEZOS
DE UNA IDEA EN UN GARAJE A
LA CIMA DEL COMERCIO ELECTRÓNICO

Jeff Bezos, el fundador de Amazon, comenzó su ambicioso proyecto en un modesto garaje, vendiendo libros en línea. Lo que empezó como una pequeña librería digital rápidamente se transformó en una de las plataformas de comercio electrónico más poderosas del mundo. Bezos, con su visión y enfoque implacable en la satisfacción del cliente, vio el potencial de Internet como un medio revolucionario para comprar y vender productos.

Bajo su liderazgo, Amazon se expandió más allá de los libros, convirtiéndose en un gigante que ofrece una variedad casi ilimitada de productos. Bezos introdujo varias innovaciones que han cambiado la forma en que compramos, incluyendo el servicio de membresía Prime, la logística avanzada, y la inteligencia artificial con productos como Alexa. Amazon también se ha expandido más allá del comercio electrónico, incursionando en el *streaming* de video, la computación en la nube y otras áreas.

La historia de Jeff Bezos y Amazon es un ejemplo destacado de cómo una visión a largo plazo, combinada con la innovación y la adaptabilidad, puede revolucionar industrias enteras. Desde sus humildes comienzos hasta convertirse en una de las empresas más valiosas del mundo, Amazon y Bezos han redefinido lo que significa comprar y vender en la Era Digital. Y han demostrado que, con la mentalidad adecuada, incluso las ideas más pequeñas pueden crecer hasta alcanzar logros monumentales

Siguiendo la temática de transformar visiones audaces en realidades impactantes, el siguiente ejemplo se centra en Elon Musk, una figura que ha llevado la innovación a múltiples industrias. Desde sus primeros días enfrentando desafíos personales y profesionales, Musk ha mostrado una capacidad única para abordar y resolver algunos de los problemas más complejos de la tecnología y la ingeniería.

ELON MUSK
DE LA ADVERSIDAD A LA INNOVACIÓN EN MÚLTIPLES INDUSTRIAS

Elon Musk, conocido por su papel en la fundación y el liderazgo de empresas como SpaceX, Tesla, y Solar-City, es un ejemplo de cómo la visión y la perseverancia pueden llevar a innovaciones revolucionarias en múltiples industrias. Musk comenzó su carrera empresarial con la creación de Zip2 y PayPal, mostrando un talento temprano para identificar y capitalizar oportunidades en el naciente mundo de Internet.

Sin embargo, fue su trabajo posterior en SpaceX y Tesla lo que solidificó su reputación como un visionario. Con SpaceX, Musk desafió la industria aeroespacial tradicional, desarrollando cohetes reutilizables y reduciendo significativamente los costos de lanzamiento al espacio. Su objetivo de hacer que los vuelos espaciales sean más accesibles ha redefinido las posibilidades de la exploración espacial.

En Tesla, Musk ha jugado un papel crucial en la popularización de los vehículos eléctricos, desafiando la industria automotriz dominada por los combustibles fósiles y promoviendo un futuro más sostenible. A través de estas empresas, Musk no solo ha creado productos innovadores, sino que también ha desafiado las normas y expectativas de industrias enteras.

A través de sus empresas, Musk ha desafiado la industria aeroespacial con cohetes reutilizables, ha revolucionado la industria automotriz con vehículos eléctricos, y ha fomentado la adopción de energías renovables. Su enfoque en la sostenibilidad, la exploración espacial, y la innovación continua lo convierten en una de las figuras más dinámicas y polifacéticas del mundo empresarial actual.

La historia de Elon Musk, con sus triunfos en múltiples campos, establece un precedente para el siguiente segmento del libro. Compañías como las empresas de Musk, enfrentaron serios desafíos y estuvieron al borde del fracaso, pero lograron reinventarse y emerger más fuertes.

En esta parte, exploramos una variedad de empresas de diferentes industrias que experimentaron crisis significativas, desde problemas financieros hasta cambios en las demandas del mercado y la tecnología. Estas historias destacan la capacidad de adaptación, la innovación y la importancia de una visión estratégica en tiempos de adversidad. Cada caso proporciona lecciones valiosas sobre cómo las empresas pueden no solo sobrevivir a los momentos difíciles, sino también usar estos períodos como oportunidades para reformarse y prosperar en nuevas direcciones.

Empresas que renacieron de sus cenizas

Nos adentramos en el mundo de las empresas que, a pesar de enfrentarse a enormes desafíos, lograron reinventarse y resurgir más fuertes que antes. Estas historias son testimonios de la capacidad de recuperación y la tenacidad empresarial, mostrando cómo la adversidad puede ser un catalizador para el cambio significativo y la innovación.

En esta sección, exploraremos una serie de casos de empresas que experimentaron desde crisis financieras hasta obsolescencia tecnológica y cambios en las preferencias de los consumidores. Estas empresas no solo sobrevivieron a sus crisis, sino que también aprovecharon estos momentos difíciles para reevaluar y transformar sus modelos de negocio, estrategias de producto y enfoques de mercado.

Estos relatos ofrecen lecciones valiosas sobre la importancia de la adaptabilidad, la visión de futuro y el liderazgo efectivo en momentos de crisis. Las empresas destacadas en esta sección demuestran que, con la mentalidad correcta y las estrategias adecuadas, es posible convertir los fracasos y los reveses en oportunidades para el crecimiento y la innovación.

Una de las historias más emblemáticas de renacimiento empresarial es la de Apple, conocida hoy como una de las empresas más innovadoras y valiosas del mundo, enfrentó una época de graves dificultades en la década de 1990. Sin embargo, con el regreso de Steve Jobs a fines de esa década, Apple inició un proceso de transformación radical.

APPLE
RENACIMIENTO A TRAVÉS
DE LA INNOVACIÓN Y EL DISEÑO

A finales de la década de 1990, Apple Inc. se encontraba al borde del colapso. Sin embargo, el regreso de Steve Jobs en 1997 marcó el comienzo de una de las mayores revoluciones en la historia corporativa. Jobs inició un proceso de transformación radical, redefiniendo tanto la estrategia de la empresa como su línea de productos.

La introducción del iMac en 1998 fue el primer paso en la resurrección de Apple. Este computador no solo impresionó por su rendimiento, sino también por su diseño único y estético. Siguiendo el éxito del iMac, Apple continuó innovando con el lanzamiento del iPod en 2001, revolucionando la industria de la música y marcando el inicio de una era de productos electrónicos de consumo diseñados elegante y funcionalmente.

El renacimiento de Apple alcanzó su punto máximo con el lanzamiento del iPhone en 2007, un dispositivo que cambió la industria de la telefonía móvil y redefinió la comunicación moderna. Con cada nuevo producto, Apple no solo se recuperó de sus dificultades financieras, sino que también estableció nuevos estándares de innovación, diseño y funcionalidad.

La combinación de innovación en diseño y tecnología, junto con una estrategia de marketing efectiva, permitió a Apple resurgir de sus cenizas. Con productos como el iMac, el iPod, el iPhone y el iPad, Apple no solo recuperó su posición en el mercado, sino que también redefinió las industrias de la tecnología y la comunicación. La historia de Apple es un claro ejemplo de cómo la creatividad, la visión de futuro y la capacidad para conectar con los consumidores pueden revivir la fortuna de una empresa.

Así como Apple se reinventó a través de la innovación y el diseño, LEGO, la icónica marca de juguetes, también tuvo su propio renacimiento. LEGO, después de enfrentar una grave crisis financiera a principios de la década de 2000, logró reconstruir y revitalizar su marca.

LEGO
De casi quebrar a reconstruir la marca ladrillo a ladrillo

LEGO había perdido su rumbo debido a la expansión en demasiadas direcciones y la falta de enfoque. Sin embargo, mediante un enfoque renovado en la calidad y el potencial creativo de sus sets de construcción clásicos, y una expansión cuidadosa en nuevos mercados a través de colaboraciones estratégicas y productos innovadores, LEGO logró no solo recuperarse de sus dificultades financieras, sino también fortalecer su posición como líder en la industria del juguete.

A principios de la década de 2000, LEGO se enfrentó a una crisis financiera que amenazaba su existencia. La empresa, conocida por sus icónicos ladrillos de plástico interconectables, había perdido el enfoque en su producto principal y se encontraba en un estado de sobre expansión y falta de dirección. Sin embargo, en lugar de rendirse, LEGO tomó esta crisis como una oportunidad para reinventarse.

Bajo una nueva dirección, LEGO decidió volver a sus raíces y centrarse en el poder creativo y educativo de sus sets de construcción clásicos. La empresa simplificó su línea de productos, mejoró la calidad y apostó por la innovación dentro de su núcleo de ladrillos. Además, LEGO se embarcó en una estrategia de colaboraciones exitosas con franquicias populares y expandió su presencia en los medios digitales y el cine.

Estos cambios no solo revirtieron la trayectoria financiera de LEGO, sino que también reafirmaron su lugar en el corazón de niños y adultos por igual. LEGO demostró que un enfoque en la calidad del producto, la innovación constante y una conexión sólida con la base de clientes son fundamentales para el resurgimiento y el éxito a largo plazo de una marca.

La historia de LEGO es un ejemplo de cómo volver a los fundamentos de una marca y comprender las necesidades y deseos de los consumidores pueden ser la clave para revivir una empresa.

Al igual que LEGO se transformó y prosperó al volver a sus fundamentos y adaptarse a los nuevos tiempos, Marvel Entertainment tuvo una historia similar de renacimiento y éxito. Después de declararse en bancarrota en la década de 1990, se reinventó para convertirse en una de las fuerzas más dominantes en la industria cinematográfica.

Marvel
De la bancarrota
a la potencia cinematográfica

Marvel, inicialmente una editorial de cómics con personajes icónicos como Spider-Man, Iron Man y los X-Men, enfrentó serios desafíos financieros y una industria cambiante. Sin embargo, a través de una estrategia audaz que implicó la producción de sus propias películas y la creación del Universo Cinematográfico de Marvel, la compañía no solo revivió su fortuna, sino que también redefinió el entretenimiento cinematográfico.

Marvel Entertainment, reconocida hoy como una gigante en la industria cinematográfica, atravesó una fase crítica en la década de 1990 cuando se declaró en bancarrota. Conocida por sus icónicos cómics de superhéroes, la compañía luchaba por mantenerse a flote en un mercado cambiante. Sin embargo, la adversidad allanó el camino para una de las transformaciones más espectaculares en el mundo del entretenimiento.

A principios de la década de 2000, Marvel tomó una decisión arriesgada pero finalmente fructífera:

comenzar a producir sus propias películas. Con el lanzamiento de "Iron Man" en 2008, Marvel no solo estableció las bases para lo que sería el Universo Cinematográfico de Marvel (MCU), sino que también cambió la narrativa de cómo se podían desarrollar y entrelazar las películas de superhéroes. Esta estrategia no solo revivió a la compañía desde un punto de vista financiero, sino que también la catapultó a la vanguardia de la cultura popular.

Las películas del MCU, caracterizadas por su interconexión narrativa y desarrollo de personajes, han redefinido el género de superhéroes y han establecido nuevos estándares para las franquicias cinematográficas. De ser una empresa al borde de la quiebra, Marvel se ha convertido en una potencia, con sus películas generando miles de millones en taquilla y creando una base de fans leales y apasionados.

La trayectoria de Marvel es una historia sobre cómo la adaptación a nuevas plataformas y el aprovechamiento creativo de los activos existentes pueden abrir enormes oportunidades de mercado. Su éxito subraya la importancia de la visión estratégica y la capacidad de adaptarse a las cambiantes dinámicas del entretenimiento y los medios.

La impresionante resurrección de Marvel demuestra cómo una estrategia audaz y la adaptación a las nuevas tendencias pueden revitalizar una empresa. De manera similar IBM, una vez un gigante en la era de la computación tradicional, enfrentó un período de estancamiento a medida que el mercado evolucionaba hacia tecnologías emergentes como la computación en la nube y la inteligencia artificial. IBM, a través de una reinvención estratégica y una inversión significativa en tecnología de nube y cognitiva, logró reinventarse de una compañía percibida como obsoleta a un líder en el ámbito de la tecnología avanzada y los servicios de nube.

IBM
DE LA IRRELEVANCIA TECNOLÓGICA AL LIDERAZGO EN LA NUBE

IBM, conocida como una de las empresas pioneras en el mundo de la computación, enfrentó desafíos considerables a medida que la industria tecnológica evolucionaba rápidamente. A finales de la década de 1990 y principios de los 2000, IBM parecía estar quedando atrás frente a competidores más ágiles y enfocados en tecnologías emergentes. Sin embargo, bajo un liderazgo visionario, IBM comenzó un proceso de transformación que la llevaría a convertirse en una líder en el espacio de la computación en la nube y la inteligencia artificial.

Esta transformación implicó desafíos significativos, incluyendo reestructuraciones internas y reorientación de sus inversiones hacia áreas de alto crecimiento como la nube, la seguridad cibernética y la inteligencia artificial. IBM apostó por la innovación en la nube con la adquisición de empresas clave y el desarrollo de su plataforma de nube híbrida. Además, con su proyecto Watson, IBM se adentró en el campo de la inteligencia artificial, demostrando su capacidad para liderar en la vanguardia tecnológica.

El resurgimiento de IBM como un líder en tecnología avanzada es un testimonio de su capacidad para adaptarse y reinventarse en un mercado en constante cambio. Su viaje destaca la importancia de la innovación continua y la adaptación estratégica en el sector tecnológico.

Al igual que IBM se reinventó para mantener su relevancia en la Era Digital, Burberry, una marca tradicional en el mundo de la moda, enfrentó su propio conjunto de desafíos. Burberry, una vez considerada una marca pasada de moda, se transformó en un ícono del lujo moderno. Esta revitalización implicó una reinvención de su imagen de marca, una renovación en su enfoque de diseño y un uso astuto de las redes sociales y el marketing digital.

BURBERRY
DE MARCA PASADA DE MODA
A ÍCONO DEL LUJO

Burberry, una marca británica centenaria conocida por sus *trench coats* clásicos, enfrentó un desafío de identidad a principios de los años 2000. Percibida como pasada de moda y desvinculada de las tendencias contemporáneas, la empresa necesitaba una transformación para revitalizar su imagen y atraer a una nueva generación de consumidores de lujo.

La reinvención de Burberry comenzó con la llegada de un nuevo liderazgo creativo. Se renovó la línea de productos, manteniendo la calidad y el estilo clásico mientras se introducían diseños innovadores y relevantes. Burberry también adoptó una estrategia digital progresiva, utilizando las redes sociales y el marketing digital para reconectar con los consumidores más jóvenes y posicionarse a la vanguardia de la moda.

Además, Burberry se distinguió por su habilidad para mezclar su rica herencia con un enfoque moderno y audaz en la moda. Esta combinación de respeto por la tradición y la adopción de nuevas tecnologías y tendencias ayudó a Burberry a transformarse en un símbolo contemporáneo de lujo y sofisticación.

La historia de Burberry es un ejemplo de cómo incluso las marcas más tradicionales pueden adaptarse y prosperar en la Era Moderna, manteniendo su herencia al mismo tiempo que innovan para atraer a una nueva generación de consumidores.

De forma similar a cómo Burberry revitalizó su marca, Delta Airlines, una de las aerolíneas más grandes de Estados Unidos, tuvo que superar su propio conjunto de desafíos. Delta, tras declararse en bancarrota en 2005, implementó una serie de estrategias exitosas que no solo la sacaron de la quiebra sino que también la convirtieron en una de las aerolíneas líderes en la industria.

DELTA AIRLINES
DE LA QUIEBRA A UNA DE LAS AEROLÍNEAS LÍDERES

Delta Airlines, una de las aerolíneas más importantes de Estados Unidos, enfrentó una grave crisis financiera que la llevó a declararse en bancarrota en 2005. Esta situación crítica obligó a la compañía a reevaluar y rediseñar radicalmente su estrategia operativa y de negocios.

La transformación de Delta implicó una revisión de su modelo de negocio, mejoras en la eficiencia operativa, una renovación de su flota y un enfoque en mejorar la experiencia del cliente. Esta combinación de cambios estratégicos y operativos, junto con una exitosa fusión con Northwest Airlines, un paso estratégico que amplió significativamente su red global y fortaleció su presencia en mercados clave, posicionó a Delta como una aerolínea de primera línea, destacando la importancia de la adaptabilidad y la innovación en el competitivo sector de la aviación.

Bajo una nueva dirección, Delta se enfocó en mejorar la experiencia del cliente, modernizando su flota y mejorando sus servicios a bordo. Esta renovación no solo ayudó a mejorar la percepción de la marca, sino que también aumentó la lealtad del cliente.

Hacia finales de la década de 2010, Delta había completado un impresionante giro, emergiendo de su bancarrota para convertirse en una de las aerolíneas más rentables y respetadas en la industria. La historia de Delta es un claro ejemplo de cómo una gestión eficaz, una estrategia enfocada y un compromiso con la calidad del servicio pueden revitalizar una empresa, incluso en una industria tan competitiva y desafiante como la aviación.

Al igual que Delta Airlines se recuperó de la bancarrota para convertirse en una aerolínea líder, General Motors (GM) enfrentó su propio conjunto de desafío. Tras ser rescatada por el gobierno durante la crisis financiera de 2008, ha logrado no solo recuperarse, sino también posicionarse a la vanguardia de la revolución de los vehículos eléctricos.

GENERAL MOTORS
DEL RESCATE DEL GOBIERNO
A LA REVOLUCIÓN ELÉCTRICA

General Motors (GM), un gigante en la industria automotriz, enfrentó una de sus mayores crisis durante la recesión económica de 2008. La situación llevó a la empresa a aceptar un rescate gubernamental para evitar la bancarrota. Este momento crítico se convirtió en un punto de inflexión para GM, marcando el inicio de una transformación significativa.

Posteriormente, GM se embarcó en un ambicioso plan de reestructuración que implicó la modernización de sus operaciones, la inversión en nuevas tecnologías y la reinvención de su cartera de productos. Un elemento clave de esta transformación fue el compromiso de GM con la movilidad eléctrica. Reconociendo el cambio hacia un futuro más sostenible, GM comenzó a desarrollar y lanzar una gama de vehículos eléctricos, posicionándose como líder en el avance hacia la electrificación del transporte.

La apuesta de GM por la tecnología de vehículos eléctricos y autónomos no solo representa una adaptación a las tendencias del mercado y las preocupaciones medioambientales, sino también una visión estratégica para el futuro de la movilidad. Este cambio radical refleja cómo una empresa tradicional puede reinventarse, adoptando nuevas tecnologías y respondiendo proactivamente a los desafíos globales.

La historia de GM ilustra la capacidad de una empresa establecida para reinventarse a sí misma en respuesta a los cambios tecnológicos y ambientales, trazando un camino hacia un futuro más sostenible y tecnológicamente avanzado.

De manera parecida a la transformación de General Motors en el sector automotriz, Adobe Systems ha experimentado una metamorfosis en el mundo del software. Adobe, conocida inicialmente por sus programas de software en caja como Photoshop y Acrobat, transitó exitosamente al modelo de *cloud computing* y suscripciones. Este cambio estratégico implicó una transición de la venta de software como productos únicos a ofrecerlos como servicios a través de Internet. Adobe reinventó su modelo de negocio con Adobe Creative Cloud, adaptándose a las nuevas expectativas de los consumidores y a las tendencias del mercado. Este enfoque no solo resultó en un flujo de ingresos más estable y sostenible, sino que también colocó a Adobe a la vanguardia de la innovación digital, demostrando su capacidad para evolucionar y prosperar en la era de la tecnología en constante cambio.

ADOBE
DE SOFTWARE EN CAJA A
PIONERO DEL *CLOUD COMPUTING*

Adobe Systems, conocida por su software líder en diseño gráfico y edición como Photoshop y Acrobat, tomó una decisión audaz que transformaría completamente la industria del software. Tradicionalmente, Adobe vendía sus productos como software en caja, lo que implicaba una compra única con actualizaciones ocasionales. Sin embargo, con el cambio hacia la Era Digital y la nube, Adobe reconoció la necesidad de adaptar su modelo de negocio.

La introducción de Adobe Creative Cloud en 2013 marcó un cambio significativo de la venta de software en caja a un modelo de suscripción basado en la nube. Este enfoque permitió a los usuarios acceder a la suite completa de aplicaciones de Adobe a cambio de una tarifa de suscripción mensual o anual. Este cambio no solo mejoró la accesibilidad y la escalabilidad de los productos de Adobe para sus usuarios, sino que también estableció un flujo de ingresos más constante y predecible para la empresa.

La transición de Adobe al *cloud computing* fue un éxito rotundo, lo que la convirtió en una empresa más ágil y centrada en el cliente. Esta estrategia también permitió una innovación continua, ya que Adobe pudo lanzar actualizaciones y nuevos servicios de manera más eficiente y regular. La historia de Adobe es un ejemplo destacado de cómo una empresa puede reinventarse y mantener su relevancia en un mercado tecnológico en rápida evolución.

La transformación de Adobe en el mundo del software encuentra un paralelo en la evolución de Netflix en la industria del entretenimiento. Netflix, que comenzó como un servicio de alquiler de DVD por correo, se convirtió en el líder mundial del streaming de películas y series.

Netflix revolucionó la forma en que consumimos entretenimiento, primero desafiando el modelo tradicional de alquiler de películas y posteriormente, adoptando y perfeccionando el modelo de streaming. Esta evolución no solo cambió la industria del entretenimiento, sino que también cambió los hábitos de los espectadores en todo el mundo. La capacidad de Netflix para adaptarse a los cambios tecnológicos y anticipar las preferencias de los consumidores ha sido fundamental en su éxito y crecimiento continuo.

NETFLIX
DE ALQUILER DE DVDs
A GIGANTE DEL *STREAMING*

Netflix comenzó su trayectoria como un servicio de alquiler de DVDs por correo, ofreciendo a los clientes una alternativa conveniente a las tiendas de alquiler de videos. Sin embargo, fue la transición de Netflix al *streaming* de películas y series lo que revolucionó tanto la empresa como la industria del entretenimiento. Esta evolución comenzó en 2007, cuando Netflix introdujo su servicio de *streaming*, permitiendo a los usuarios ver contenido *on demand* a través de Internet.

Esta innovadora estrategia capitalizó el creciente acceso a Internet de alta velocidad y cambió la forma en que las personas consumen medios. Con una amplia biblioteca de películas y series, junto con una interfaz de usuario intuitiva y personalizada, Netflix se convirtió rápidamente en un jugador dominante en el entretenimiento a domicilio.

Además, la incursión de Netflix en la producción de contenido original, con éxitos como "House of Cards" y "Stranger Things", no solo fortaleció su posición en el mercado sino que también desafió las normas de la producción y distribución televisiva tradicional. La transformación de Netflix es un claro ejemplo de adaptación e innovación en la Era Digital, mostrando cómo las empresas pueden reinventarse para mantenerse relevantes y exitosas.

La capacidad de Netflix para reinventarse y liderar en la industria del *streaming* encuentra un paralelo en la historia de Nintendo. Nintendo, que originalmente comenzó como una compañía de cartas en el siglo XIX, se transformó en un titán de la industria de los videojuegos.

Nintendo no solo cambió su enfoque de negocio de las cartas a los videojuegos, sino que también ha sido un pionero en la industria, introduciendo algunas de las consolas y juegos más icónicos en la historia del *gaming*. Desde el lanzamiento del Nintendo Entertainment System (NES) hasta la innovadora Wii y la versátil Switch, Nintendo ha demostrado una capacidad única para innovar y adaptarse a las cambiantes demandas y tecnologías del mercado. Su historia resalta la importancia de la evolución constante y la adaptación en un mercado tecnológico en rápido movimiento.

NINTENDO
DE CARTAS A VIDEOJUEGOS Y LA REINVENCIÓN CONSTANTE

Nintendo, con una historia que se remonta a finales del siglo XIX como una empresa de cartas *hanafuda* (juego de cartas tradicional japonés), ha demostrado una notable capacidad de adaptación y reinvención. La evolución de Nintendo desde su humilde origen hasta convertirse en un líder global en el entretenimiento interactivo es una historia de audacia, innovación y visión.

La transformación comenzó en los años 70 y 80, cuando Nintendo se aventuró en el mundo de los videojuegos. Con el lanzamiento del Nintendo Entertainment System (NES) y títulos emblemáticos como "Super Mario Bros." y "The Legend of Zelda", Nintendo no solo salvó a la industria del videojuego del colapso, sino que también definió lo que sería el entretenimiento en el hogar para las generaciones futuras.

A lo largo de los años, Nintendo ha seguido innovando con consolas como la Game Boy, la Wii y la Switch, cada una rompiendo moldes en su época y ofreciendo experiencias únicas a los jugadores. A través de sus altibajos, Nintendo ha mantenido una conexión profunda con sus seguidores, siempre encontrando maneras de sorprender y deleitar.

La historia de Nintendo, llena de creatividad, innovación y constante reinvención, nos lleva a la sección que se enfoca en extraer lecciones valiosas de todas las historias que hemos explorado.

Aquí, cada capítulo no solo narra la transformación de empresas y personalidades, sino que también se sumerge en el corazón de lo que significa enfrentar y superar adversidades. Estas narrativas no son solo historias de éxito empresarial; son testimonios de la capacidad humana para soñar, luchar, fallar y, lo más importante, levantarse y seguir adelante.

La siguiente sección nos motiva, inspira y ofrece estrategias prácticas que podemos aplicar en nuestros propios viajes hacia el éxito. Es un homenaje a la perseverancia, la visión y la fortaleza, elementos esenciales para cualquier persona o empresa que busque transformar los fracasos en triunfos y las cenizas en nuevas oportunidades de amanecer.

ESTRATEGIAS PARA UN NUEVO AMANECER

Este es un viaje a través de las lecciones más profundas y emocionantes que se pueden extraer de las historias de renacimiento y éxito que hemos explorado. Esta sección está imbuida de una atmósfera de reflexión y motivación, escrita para inspirar y proporcionar una guía valiosa a aquellos que buscan superar sus propios desafíos y temores.

Cada elemento en esta parte está dedicado a destilar estrategias prácticas y filosofías de vida que se han demostrado cruciales en los viajes de empresas y personas destacadas. Se abordan temas como la mentalidad de crecimiento, la importancia de la adaptabilidad, el poder de la innovación y la relevancia de mantener una visión clara aun en tiempos de incertidumbre.

Encontraremos historias de resiliencia que recalcan la importancia de aprender de los errores y ver el fracaso no como un fin, sino como un paso esencial en el camino hacia el éxito. Estos relatos son testimonios de que, con determinación, pasión y una mentalidad positiva, es posible transformar situaciones adversas en oportunidades para crecer y prosperar.

Inspirados por las poderosas lecciones el siguiente segmento profundiza en cómo desarrollar una actitud que abrace los retos y vea el fracaso no como un obstáculo, sino como una fuente de aprendizaje y crecimiento.

A través de estrategias prácticas y ejemplos inspiradores, se demuestra cómo adoptar una mentalidad de crecimiento puede llevar a una vida más plena y exitosa, tanto a nivel personal como profesional. Este capítulo no es solo un estudio teórico, sino una invitación a reflexionar y actuar, animándonos a ver cada desafío como una oportunidad para aprender, crecer y, en última instancia, triunfar.

La mentalidad de crecimiento
Superar el miedo al fracaso

La teoría de la mentalidad de crecimiento sostiene que las habilidades y la inteligencia pueden desarrollarse a través del esfuerzo y la perseverancia. Veremos cómo esta mentalidad es fundamental para superar el miedo al fracaso, permitiendo a individuos y organizaciones superar los desafíos y alcanzar su máximo potencial.

El miedo al fracaso es una sombra que acecha los sueños y aspiraciones de muchos. Sin embargo, la clave para superarlo y alcanzar el éxito radica en una poderosa herramienta psicológica: la mentalidad de crecimiento. El éxito no trata de evitar el fracaso, sino de aprender y crecer a partir de él. Este enfoque, desarrollado por la psicóloga Carol Dweck, sostiene que nuestras habilidades y talentos pueden ser cultivados a través del esfuerzo y la dedicación.

Personas destacadas y empresas han aplicado la mentalidad de crecimiento para superar desafíos y fracasos. Por ejemplo, J.K. Rowling, antes de convertirse en la autora del éxito mundial de Harry Potter, enfrentó rechazos consecutivos de varias editoriales. En lugar de rendirse, utilizó estas negativas como motivación para seguir mejorando su trabajo, lo que finalmente la llevó al éxito.

En el mundo empresarial, la historia de Airbnb ofrece otro ejemplo ilustrativo. Sus fundadores, Brian Chesky y Joe Gebbia, enfrentaron múltiples rechazos de inversores y desafíos financieros. Sin embargo, su creencia en la mejora continua y la adaptación de su modelo de negocio los llevó a transformar una idea inicialmente rechazada en una plataforma de alojamiento global.

Además de estas historias, enlistamos consejos prácticos para fomentar una mentalidad de crecimiento, como:

Ver el fracaso como una oportunidad de aprendizaje
En lugar de ver los errores como finales, considéralos como pasos necesarios en el camino del aprendizaje y el crecimiento personal.

Establecer objetivos de aprendizaje, no solo de rendimiento
Enfócate en metas que te permitan adquirir nuevas habilidades y conocimientos, en lugar de solo lograr resultados inmediatos.

Buscar retroalimentación y actuar en consecuencia
La retroalimentación constructiva es crucial para el crecimiento. Aprende a aceptarla y utilizarla para mejorar.

Celebrar el esfuerzo, no solo el talento
Reconoce y valora el esfuerzo y la perseverancia, no solo el talento natural o los logros fáciles.

Esta es una invitación a abrazar tus desafíos y ver cada obstáculo como una oportunidad para crecer, tanto personal como profesionalmente."

El siguiente apartado se centra en transformar las lecciones aprendidas y la inspiración recogida en un plan concreto y accionable para el futuro. Aquí, descubriremos cómo traducir la resiliencia y la determinación en objetivos claros y estrategias efectivas, allanando el camino hacia el éxito renovado y sostenido."

DE LA VISIÓN A LA ACCIÓN
DEFINIENDO OBJETIVOS
DESPUÉS DEL FRACASO

La claridad de la visión, combinada con un plan de acción bien definido, puede ser un poderoso catalizador para el cambio y el éxito. Es importante tener herramientas prácticas para convertir la inspiración y la motivación en resultados tangibles, como la planificación estratégica, la fijación de metas SMART (eSpecíficas, Medibles, Alcanzables, Relevantes y basadas en Tiempo), y el establecimiento de sistemas que apoyen el progreso constante y el desarrollo personal

Distintas personalidades y empresas han convertido los fracasos en fundamentos para el éxito futuro. Un caso destacado es el de Arianna Huffington, quien, antes de fundar el exitoso Huffington Post, enfrentó el rechazo de 36 editoriales. Este fracaso no detuvo su camino; en cambio, lo utilizó como un catalizador para seguir adelante y finalmente lanzar una de las plataformas de noticias y opinión más influyentes en Internet.

Otra historia inspiradora es la de Soichiro Honda, cuyos primeros diseños de pistones fueron rechazados por Toyota. Honda no se rindió, continuó perfeccionando sus diseños y, finalmente, fundó Honda Motor Co., una de las empresas automotrices más exitosas del mundo.

Estos ejemplos nos llevan a una discusión profunda sobre cómo definir objetivos efectivos después del fracaso, incluyendo:

Reconocimiento y aceptación
Aceptar el fracaso como una parte natural del proceso de crecimiento.

Análisis constructivo
Desglosar qué fue lo que falló y por qué, extrayendo lecciones críticas. Comprender los factores que contribuyeron al fracaso, identificando tanto los errores cometidos como las fortalezas mostradas

Reajuste de objetivos
Basarse en estos aprendizajes para establecer nuevos objetivos más alineados con la realidad actual y las capacidades desarrolladas. Basado en el análisis, redefinir los objetivos para alinearlos con una comprensión más profunda y una perspectiva renovada.

Planificación estratégica
Crear un plan de acción paso a paso para alcanzar estos nuevos objetivos, incluyendo plazos realistas y recursos necesarios.

Implementación y monitoreo
Poner en acción el plan, manteniendo una actitud de aprendizaje y adaptación, y ajustando la estrategia según sea necesario.

El poder del optimismo y la planificación estratégica, ilustran cómo, con el enfoque correcto, se pueden convertir los reveses en oportunidades de crecimiento significativo.

El siguiente segmento explora la importancia de la flexibilidad y la capacidad de adaptarse rápidamente en un entorno en constante cambio. La agilidad en el aprendizaje y la adaptación rápida son habilidades cruciales en el mundo moderno, lleno de desafíos y oportunidades imprevistas. Es necesario adoptar una mentalidad de aprendizaje ágil, enfatizando la importancia de la resiliencia, la flexibilidad, el crecimiento continuo, la innovación constante y mantenerse a la vanguardia como elementos indispensables en el camino hacia el éxito, la excelencia y la autorrealización.

APRENDIZAJE ÁGIL
ADAPTACIÓN Y RÁPIDA ITERACIÓN

La capacidad de adaptarse rápidamente y aprender de forma continua es esencial en un mundo que cambia a un ritmo vertiginoso. La importancia de la agilidad en el aprendizaje permite a individuos y organizaciones permanecer relevantes y exitosos en un entorno en constante evolución.

Un ejemplo destacado en este capítulo es el de Google, una empresa que ha logrado mantener su liderazgo en la industria tecnológica mediante la rápida adaptación y la innovación constante. Google fomenta una cultura de "fracaso rápido" que anima a sus empleados a probar nuevas ideas y aprender rápidamente de los errores, lo que resulta en una mejora continua y en la implementación de soluciones creativas.

Otro caso es el de Spotify, conocido por su enfoque ágil en el desarrollo de software. Spotify organiza a sus equipos en "*squads*" y "*tribes*" para fomentar la colaboración y la innovación rápida, permitiendo que la empresa se adapte de manera efectiva a las necesidades cambiantes del mercado y de los consumidores.

Consejos prácticos para desarrollar una mentalidad de aprendizaje ágil:

Experimentación continua
Fomentar un entorno donde probar nuevas ideas sea seguro y valorado.

Reflexión y retroalimentación
Crear momentos regulares para reflexionar sobre el trabajo realizado y aprender de los éxitos y fracasos.

Adaptación rápida
Estar dispuestos a cambiar de dirección rápidamente en respuesta a nueva información o resultados de pruebas.

La adaptación y la rápida iteración no son solo estrategias empresariales, sino habilidades de vida esenciales en nuestra Era Moderna.

Al avanzar desde la agilidad individual a la colaborativa, el siguiente apartado se centra en la importancia de construir redes de apoyo sólidas y efectivas, a través cultivar relaciones y colaboraciones que enriquezcan y fortalezcan sus trayectorias personales y profesionales. Las alianzas, tanto internas dentro de organizaciones como externas entre diferentes entidades, pueden ser catalizadoras de crecimiento y éxito.

REDES DE APOYO
CONSTRUYENDO EQUIPOS
Y ALIANZAS FUERTES

La importancia de las relaciones y colaboraciones en el camino hacia el éxito y la superación de desafíos es vital. El éxito a menudo depende no solo del esfuerzo individual, sino también de la capacidad para trabajar dentro de una red de apoyo fuerte y eficiente. Las relaciones sólidas y las colaboraciones estratégicas pueden ser fundamentales para superar los desafíos y alcanzar el éxito.

Por ejemplo, Pixar, cuya colaboración con Disney transformó el panorama de la animación, llevando la creatividad y la narrativa a nuevos niveles. Esta asociación, basada en la confianza mutua y la complementariedad de habilidades, permitió a ambas empresas alcanzar hitos que de otro modo hubieran sido inalcanzables.

Un ejemplo ilustrativo es la historia de cómo LinkedIn expandió su alcance y éxito a través de alianzas estratégicas y adquisiciones, incluyendo su eventual adquisición por Microsoft. Estos movimientos no solo ampliaron su base de usuarios, sino que también enriquecieron sus ofertas de servicios, fortaleciendo su posición en el mercado.

Otro caso es el de la alianza entre la NASA y empresas privadas como SpaceX. Esta colaboración ha resultado en avances significativos en la exploración espacial, demostrando cómo las alianzas pueden llevar a innovaciones que ningún participante podría haber logrado por sí solo.

Las pequeñas empresas y startups utilizan redes de mentores y asesores para guiar su desarrollo y estrategia. Estos vínculos ofrecen acceso a conocimientos y experiencias valiosas, lo que es crucial para la navegación en mercados competitivos y la toma de decisiones informadas.

Consejos para crear y mantener redes sólidas:

Establecimiento de relaciones mutuamente beneficiosas
Buscar y cultivar relaciones donde todas las partes puedan crecer y beneficiarse.

Fomentar la confianza y la comunicación abierta
Establecer una cultura de transparencia y confianza mutua dentro de los equipos y con los socios.

Valorar la diversidad de habilidades y perspectivas

Reconocer que diferentes puntos de vista y habilidades pueden enriquecer la toma de decisiones y la creatividad.

Compromiso con el apoyo mutuo
Entender que el apoyo es bidireccional y que el éxito conjunto beneficia a todos los involucrados.

Inversión en comunicación y colaboración
Mantener líneas de comunicación abiertas y colaborar de manera efectiva para fortalecer las alianzas.

Diversificación de la red
Ampliar la red para incluir una variedad de perspectivas y experiencias, lo que puede enriquecer la toma de decisiones y abrir nuevas oportunidades.

Construir redes de apoyo fuertes no es solo una estrategia para el crecimiento empresarial, sino una práctica esencial para la resiliencia y el éxito en cualquier ámbito de la vida.

Con la comprensión de la importancia de las redes de apoyo, nos adentramos en la capacidad de manejar desafíos financieros, destacando la importancia de la planificación estratégica y la adaptación en tiempos de incertidumbre económica. La gestión efectiva de riesgos y una sólida recuperación pueden ser fundamentales para la estabilidad y el crecimiento a largo plazo."

LA RESILIENCIA FINANCIERA
GESTIÓN DE RIESGOS Y RECUPERACIÓN

Después de explorar la importancia de las redes de apoyo avanzamos hacia una faceta crucial del éxito y la sostenibilidad: la resiliencia financiera. Nos enfocamos en cómo individuos y empresas pueden manejar los riesgos financieros y recuperarse de los reveses económicos. Es necesario profundiza en estrategias para desarrollar fortaleza financiera, abarcando desde la gestión prudente de recursos hasta la adaptación a cambios económicos imprevistos. La resiliencia financiera es tanto una habilidad crítica como una herramienta indispensable para el éxito a largo plazo.

La resiliencia financiera requiere una combinación de adaptabilidad, planificación estratégica y una mentalidad proactiva. No es solo una cuestión de sobrevivir en tiempos difíciles, sino también de prosperar y crecer.

Un ejemplo clave es la recuperación de Samsung tras una serie de crisis financieras y escándalos. La empresa no solo se recuperó, sino que también implementó prácticas de gestión de riesgos más sólidas y diversificó su cartera de productos, lo que llevó a un crecimiento y una estabilidad renovados.

Centrándonos en las pequeñas empresas y *startups*, destacamos el caso de una *startup* tecnológica que, frente a una crisis económica, diversificó su modelo de negocio al explorar nuevos mercados y adaptar sus productos a las necesidades cambiantes de los consumidores. Esta estrategia no solo les permitió sobrevivir a la crisis, sino también abrir nuevas fuentes de ingresos que fortalecieron su posición en el mercado.

Otra estrategia clave para las pequeñas empresas es la gestión prudente del capital. Un ejemplo de esto es una pequeña empresa de comercio electrónico que implementó un riguroso control de gastos y una planificación financiera cuidadosa, lo que les permitió mantener una liquidez saludable y sobrevivir a períodos de ventas bajas.

La inversión en innovación también es crucial, como lo demuestra una joven empresa de software que invirtió en el desarrollo de nuevas características y servicios en respuesta a la demanda del mercado, lo que les permitió mantener una ventaja competitiva y aumentar su base de clientes.

Consejos prácticos:

Evaluación y gestión continua de riesgos
Identificar riesgos potenciales y desarrollar planes para mitigarlos antes de que se conviertan en problemas mayores.

Reservas de emergencia
Mantener reservas financieras para soportar contratiempos imprevistos.

Flexibilidad y adaptabilidad
Estar dispuestos a adaptar modelos de negocio y estrategias en respuesta a cambios en el mercado o en el entorno económico.

Los desafíos financieros son oportunidades para revisar y mejorar las estrategias y prácticas empresariales.

Después de explorar las estrategias para la resiliencia financiera el siguiente apartado se sumerge en cómo los períodos de desafío pueden ser un terreno fértil para la innovación y la creatividad. La adversidad a menudo obliga a las empresas y a las personas a pensar de manera diferente. Es útil adoptar un enfoque innovador en tiempos difíciles, utilizando la adversidad como un catalizador para el crecimiento y la innovación.

INNOVACIÓN EN LA ADVERSIDAD
FOMENTAR LA CREATIVIDAD CUANDO MÁS SE NECESITA

Las dificultades y desafíos pueden impulsar a las personas y empresas a pensar fuera de lo establecido, abriendo nuevas vías para la innovación, desbloqueando así nuevos niveles de creatividad y descubrimiento. Los períodos de dificultad pueden ser increíblemente fructíferos para la innovación y la creatividad. En momentos de crisis, las limitaciones pueden convertirse en una poderosa fuente de inspiración y descubrimiento.

Un ejemplo destacado es la historia de cómo Dyson desarrolló su revolucionaria tecnología de aspiradoras sin bolsa. Fundador James Dyson se enfrentó a años de desafíos y fracasos, pero su persistencia y enfoque creativo en la resolución de problemas finalmente llevaron al desarrollo de una tecnología innovadora que cambió la industria.

Slack, una plataforma de comunicación para empresas, que inicialmente partió de un proyecto fallido de un juego en línea, surgió como una solución creativa para mejorar la comunicación interna. Este giro no solo salvó la empresa, sino que también creó un nuevo producto que revolucionó la comunicación en el lugar de trabajo.

Algunas estrategias para fomentar la innovación en momentos de adversidad:

Replanteamiento del problema
Ver los desafíos desde diferentes perspectivas para encontrar soluciones innovadoras.

Experimentación y prototipado
Probar rápidamente ideas para aprender de los fracasos y adaptarse.

Apertura a nuevas ideas
Estar dispuesto a considerar enfoques no convencionales y creativos.

La adversidad no debe ser un obstáculo para la innovación, sino un catalizador que nos empuje a pensar de manera diferente y a encontrar soluciones novedosas.

Tras abordar cómo la adversidad puede impulsar la innovación y la creatividad en las empresas, el siguiente tema cambia el enfoque hacia el desarrollo personal. La importancia de construir y mantener una marca personal fuerte, especialmente en tiempos de crisis es esencial. Muchos individuos de diversos campos han logrado reconstruir su imagen y carrera después de enfrentar desafíos significativos, destacando la resiliencia, la autenticidad y la capacidad de adaptación como claves para una marca personal duradera y exitosa.

El poder de la marca personal
Reconstruyéndose
después de una caída

Personas notables han reconstruido sus marcas personales y carreras después de enfrentar desafíos y fracasos. Una marca personal fuerte no se trata solo del éxito, sino también de la capacidad de recuperarse y crecer a partir de la adversidad.

Un ejemplo inspirador es el de la atleta profesional Serena Williams. A pesar de enfrentar lesiones serias y controversias, Serena utilizó estos desafíos como una plataforma para demostrar su resiliencia y compromiso con el deporte, fortaleciendo su reputación como una de las atletas más formidables y respetadas del mundo.

Otro caso destacado es el del empresario y autor Tim Ferriss. Después de experimentar rechazo y fracaso inicial en su carrera, Ferriss utilizó su experiencia para redefinir su enfoque y construir una marca personal basada en el aprendizaje autodidacta y la optimización del rendimiento, lo que finalmente lo llevó al éxito como autor de *bestsellers* y *podcaster*.

Consejos para desarrollar una marca personal resiliente:

Autenticidad
Ser genuino y transparente en tus acciones y comunicaciones.

Aprendizaje continuo
Ver cada desafío como una oportunidad para aprender y crecer.

Redes y comunicación
Mantener relaciones sólidas y comunicarse efectivamente con tu audiencia o seguidores.

Reconstruirse después de una caída es posible. Una marca personal fuerte es una combinación de autenticidad, resiliencia y adaptabilidad constante.

Inspirándonos en las lecciones de resiliencia personal el segmento a continuación cambia el enfoque hacia el ámbito empresarial. Las empresas y los empresarios pueden identificar y aprovechar las nuevas oportunidades de mercado que surgen, a menudo, de cambios o crisis inesperados, descubriendo y explotando con éxito nuevos nichos de mercado, adaptándose a las tendencias emergentes y a las necesidades cambiantes de los consumidores, demostrando que la agudeza empresarial y la capacidad de adaptación son cruciales para el éxito sostenido.

Nuevas oportunidades de mercado
Identificación y capitalización

Las empresas y empresarios pueden descubrir y aprovechar nuevas oportunidades de mercado, especialmente en tiempos de cambio y disrupción. El éxito a menudo requiere la habilidad de anticipar y adaptarse a las tendencias emergentes y las necesidades en evolución de los consumidores.

Un ejemplo clave es la forma en que Airbnb capitalizó la creciente demanda de experiencias de viaje más auténticas y asequibles. En un mercado dominado por hoteles tradicionales, Airbnb identificó y explotó una nueva oportunidad en la economía compartida, redefiniendo así la industria del alojamiento.

Otro caso es el de empresas emergentes en el sector de la energía renovable. Estas empresas, al reconocer la creciente preocupación por la crisis climática y la sostenibilidad, han desarrollado soluciones innovadoras que atienden tanto a las necesidades del mercado como a las preocupaciones medioambientales.

Estrategias para identificar nuevas oportunidades de mercado:

Investigación y análisis de tendencias
Mantenerse actualizado sobre las tendencias emergentes y analizar cómo pueden crear nuevas oportunidades.

Escuchar a los consumidores
Entender las necesidades y deseos de los consumidores para identificar posibles brechas en el mercado.

Agilidad y flexibilidad
Ser capaz de adaptar rápidamente la estrategia y los productos para capitalizar las nuevas oportunidades.

En un mundo en constante cambio, la capacidad de identificar y capitalizar nuevas oportunidades de mercado es crucial para el crecimiento y la supervivencia a largo plazo.

Continuando con el tema de la adaptabilidad y la innovación nos centramos en cómo las empresas y los individuos pueden utilizar la tecnología digital para transformar sus operaciones, productos y servicios. La Revolución Digital ha abierto nuevas vías para la innovación y ha creado oportunidades sin precedentes para la reinvención en diversas industrias. Existen casos de empresas que han integrado con éxito tecnologías digitales para reinventarse, mejorando su eficiencia, alcance y relevancia en la Era Digital.

La Revolución Digital
Aprovechar la tecnología
para reinventarse

La integración de la tecnología digital es crucial en la Era Moderna para el éxito y la sostenibilidad de las empresas. Las organizaciones de todos los tamaños y sectores están utilizando la tecnología para innovar, mejorar eficiencias y expandir su alcance.

Por ejemplo, se analiza el caso de Kodak, que, aunque inicialmente se quedó atrás en la transición digital, finalmente se reinventó centrándose en nuevas tecnologías digitales y servicios de impresión. Esta transformación subraya la importancia de adaptarse a los cambios tecnológicos para sobrevivir en un mercado en constante evolución.

Otro caso destacado es el de las pequeñas empresas que han adoptado soluciones de comercio electrónico y marketing digital para expandir su alcance y competir en un mercado global. Este cambio ha permitido a muchas pequeñas empresas prosperar, a pesar de las limitaciones físicas y de recursos.

Consejos sobre cómo abordar la transformación digital:

Adopción de tecnologías emergentes
Explorar e integrar nuevas tecnologías para mejorar los procesos de negocio y la experiencia del cliente.

Cultura de innovación digital
Fomentar una cultura organizacional que valore la experimentación y la adopción de tecnologías digitales.

Capacitación y desarrollo
Invertir en la capacitación del personal para asegurar que estén equipados con las habilidades necesarias en la Era Digital.

Aprovechar la Revolución Digital es fundamental para la reinvención y el éxito en el mundo actual.

Después de explorar la transformación digital cambiamos el enfoque hacia el aspecto personal del éxito. La importancia de mantener un equilibrio saludable entre el trabajo y la vida personal, y la salud física y mental son fundamentales para el rendimiento y la sostenibilidad a largo plazo. El bienestar personal no solo mejora la calidad de vida, sino que también es un componente esencial para el éxito y la eficacia en el ámbito profesional.

Salud y bienestar
Mantener el equilibrio
para el éxito a largo plazo

El éxito verdadero y sostenible va más allá de los logros profesionales y financieros. La esencia del bienestar integral, así como la salud física y mental son fundamentales para mantener un equilibrio en la vida y garantizar el éxito a largo plazo.

Un enfoque clave es la historia de Arianna Huffington, cofundadora de The Huffington Post, quien sufrió un agotamiento extremo debido al estrés laboral. Su experiencia personal la llevó a reevaluar su enfoque de la vida y el trabajo, enfatizando la importancia del sueño, la desconexión de la tecnología y la atención plena. La historia de Arianna ilustra cómo el bienestar personal es crucial para la eficacia y la creatividad en el trabajo.

Empresas líderes están implementando programas de bienestar para sus empleados, reconociendo que un equipo saludable y equilibrado es más productivo y comprometido. Desde salas de meditación hasta horarios flexibles y apoyo psicológico, estas iniciativas muestran un cambio hacia una comprensión más holística del éxito.

Estrategias para incorporar el bienestar en la vida cotidiana:

Priorizar el descanso y la recuperación
Comprender la importancia del sueño y el tiempo de inactividad para la salud física y mental.

Equilibrio entre trabajo y vida personal
Establecer límites claros entre el trabajo y la vida personal para evitar el agotamiento.

Prácticas de atención plena
Incorporar la meditación, el yoga o simplemente momentos de reflexión para aumentar la conciencia y la claridad mental.

Al cerrar el libro, debemos recordar de que, en nuestra búsqueda del éxito, no debemos perder de vista lo que verdaderamente importa: nuestra salud, bienestar y felicidad. El verdadero éxito se mide no solo por nuestros logros externos, sino también por nuestro bienestar interno y nuestra capacidad de disfrutar y apreciar los frutos de nuestro trabajo.

La ruta hacia el éxito está llena de aprendizajes y oportunidades para crecer. Este libro no solo es una colección de historias, sino también un compendio de lecciones vitales sobre el coraje, la determinación y la importancia de mantener una visión clara, sin importar los obstáculos que enfrentemos. Esperamos que te hayan inspirado a abrazar tus desafíos, a aprender de tus fracasos y a seguir adelante con una mayor sabiduría y fortaleza. Recuerda siempre que cada fracaso es un escalón en tu camino hacia el éxito y que el equilibrio en todas las facetas de la vida es la clave para un viaje verdaderamente enriquecedor y exitoso.

Los fracasos no son finales
Son el comienzo de una nueva etapa

Mientras cerramos las páginas de este viaje a través de *El libro de los Fracasos*, nos llevamos con nosotros más que historias y estrategias; nos llevamos una nueva perspectiva sobre la vida y el éxito. Cada capítulo, cada narrativa, ha sido un testimonio de la fortaleza del espíritu humano, un recordatorio de que dentro de cada uno de nosotros reside una capacidad inquebrantable para superar, adaptarnos y prosperar, incluso frente a las adversidades más desafiantes.

Este libro no ha sido simplemente sobre el fracaso y el éxito en un sentido convencional. Ha sido sobre la transformación personal, sobre encontrar valor en nuestras luchas y convertir nuestras experiencias más difíciles en nuestras más grandes victorias. Es un homenaje a la resiliencia, a la creatividad desatada en momentos de desafío, y a la indomable esperanza que nos impulsa hacia adelante. A medida que avances en tu propio camino, recuerda que los fracasos no son finales, son solo el comienzo de una nueva etapa de aprendizaje y crecimiento. La verdadera medida del éxito no se encuentra en los logros visibles, sino en las batallas internas que has superado, en la sabiduría que has adquirido y en la persona en la que te has transformado a través de tus experiencias.

Deja que las historias de este libro sean un faro de luz en tus momentos de duda, un recordatorio de que no estás solo en tu viaje. Cada fracaso es una historia aún no terminada, un capítulo que espera ser escrito con valentía y esperanza. Tus desafíos, tus obstáculos, son oportunidades disfrazadas, esperando que les des forma con tu perseverancia y visión. Por lo tanto, mientras cierras este libro, no consideres este momento como un final, sino como un punto de partida. Estás equipado con conocimientos, inspiración y una comprensión más profunda de lo que significa triunfar realmente. Lleva contigo las lecciones aprendidas, los ejemplos de resistencia y la certeza de que, no importa lo difícil que parezca el camino, siempre tienes la fuerza para continuar y la capacidad para escribir tu propia historia de éxito.

Espero que este libro sea un catalizador para tu propia transformación y un recordatorio constante de que el mayor éxito se encuentra en levantarse una vez más, con más sabiduría y fortaleza, cada vez que la vida te desafía. Sigue adelante, con valentía y optimismo, hacia tus sueños y aspiraciones, sabiendo que cada paso, incluso los que parecen retroceder, te están acercando a tu destino final de logro y plenitud.

Tu historia de éxito está esperando ser contada.
¿Cuándo darás el primer paso?

ANOTACIONES

_____
_____
_____
_____
_____
_____
_____
_____
_____
_____
_____
_____
_____
_____
_____
_____
_____
_____
_____
_____
_____
_____
_____

José Luis Valle Galindo

Guadalajara, México. 2023

Made in the USA
Las Vegas, NV
29 November 2024

12938534R00146